U0537678

志勇（巴特爾） 編纂

金訓——成吉思汗箴言錄

中華書局印行

作者志勇為蒙古族，蒙文名巴特爾，1985年生於內蒙古敖漢旗，祖籍遼西朝陽，現居北京。為成吉思汗三十三世孫（近代支系屬朝陽土默特部，即原卓索圖盟土默特右翼旗），自幼對家族歷史及先祖訓言耳濡目染、知之甚深，出於弘揚傳統文化的初衷，因而著手編纂本書。

【序　言】

「成吉思汗訓辭」是蒙古民族的必力克箴言，是以成吉思汗為代表的時代先驅們集體智慧的結晶，主要以「蒙古黃金史」（阿勒坦·拖卜察安）的形式記錄和傳承，是中華文明乃至世界文明的寶貴財富。

「訓辭」，即訓諭之言，「訓」者，先王之遺典也。荀子說：「不登高山，不知天之高也；不臨深溪，不知地之厚也；不聞先王之遺言，不知學問之大也。」

成吉思汗訓辭博大精深，吾輩窺其一角，以七言訓諭詩的形式，譯成一百六十八字漢文要訓，姑且名之「成吉思汗一百六十八字黃金訓辭（阿勒坦·蘇日格勒）」，簡稱「金訓」，僅望後人以典為鑒，自勵自強。

一、關於訓辭的精神傳承

莊子有言：「意有所至，愛有所亡」，自古以來，精神財富的代際傳承往往難以把握，自我感動式的傳承方式不僅難以奏效，還有可能適得其反，給傳承本身帶來負面影響。然而代際傳承又是社會歷史發展的底層邏輯，如何更好地進行代際傳承，一直是千百年來中外哲人所關注的重要命題。

精神財富傳承，也叫精神資本傳承，精神資本指在精神層面所產生的優勢和力量，精神財富傳承大體上可分為三類，一是知識傳承、二是實踐傳承、三是信念傳承。在精神傳承之外再加上物質傳承，整體上構成社會歷史發展的代際傳承。

（一）、知識傳承

「學而時習之，不亦說乎？」為學之悅莫大乎醍醐，醍醐之悅莫大乎聖賢相諭。聖文相印於醍醐者，篤學踐行之北斗也。

《金訓》
──成吉思汗箴言錄

所謂「慎思之，明辨之，篤行之」，對知識的辯證分析和規律的積極探索，有助於我們有效規劃未來並明晰行動方向。

例如，在《內經》上古天真論中，描述了人體從「齒更髮長」到「面焦髮白」的成長規律，與《易經》六爻中所闡述的事物發展規律異曲同工，其蘊含的「天人合一」的思想，為人類的發展和社會的進步提供了深刻啟示。

（二）、實踐傳承

《史集》：「商賈善居積，物之良楛，孅悉必計，將領之教子弟亦然，騎射之事，講肄精良，必如良賈牟利，視若身心性命之不可忽也。」

騎射之教，源於生活，寓於實踐；青衿之志，敏學切問，履踐致遠。

「比起忙於瑣事之人，聰明睿智者更可貴；比起待在家裡的聰明人，環遊世界、行萬里路的笨者更勝一籌。」

（三）、信念傳承

〈顏氏家訓・序致〉：「夫同言而信，信其所親；同命而行，行其所服。禁童子之暴謔，則師友之誡，不如傅婢之指揮；止凡人之鬥鬩，則堯、舜之道，不如寡妻之誨諭。」

近朱者赤、近墨者黑，君子曰：「善以漸化」，身體力行、潛移默化，與子同樂、與子同學，此之謂也。

（四）、物質傳承

〈漢書・疏廣傳〉：「顧自有舊田廬，令子孫勤力其中，足以共衣食，與凡人齊。今復增益之以為贏餘，但教子孫怠惰耳。賢而多財，則損其志；愚而多財，則益其過。且夫富者，眾人之怨也；吾既亡以教化子孫，不欲益其過而生怨。」

孟子有言：「君子之澤，五世而斬」，無論精神傳承還是物質傳承，都需要我們潛心篤志、勠力躬行，唯有自強不息，方能披荊斬棘。

二、關於訓辭的文獻考證

訓辭內容本身，主要源自以「阿勒坦・托卜察安」為書名的一些蒙古歷史典籍，如《元朝秘史》、《蒙古黃金史》、《蒙古源流》等；訓辭的蒙文集錄，主要選自近現代出版的各種成吉思汗箴言錄，如《成吉思汗箴言選輯》、《成吉思汗箴言蒙漢合璧書法集》、《成吉思汗箴言解析》等；訓辭的漢文集譯，主要選自近現代出版的集譯史料和相關書籍，如漢譯本《史集》、《元史譯文證補》、《成吉思汗評傳》等。

在修訂文字並新譯訓辭內容時，自是反覆校對以釐清線索，力求文獻出處皆可查證，下面以「惜軍馬篇」、「縱雄鷹篇」和「蒼狼白鹿篇」為例進行闡述。

（一）、關於「駿馬雄鷹」

惜軍馬篇，內容源自《元朝秘史》，強調「戰馬瘦了，再想愛惜也晚了」；《史集》中也有一段類似描述，強調「馬餵肥時能疾馳，肥瘦適中或瘦時也能疾馳，才可稱為良馬」。這裡其實比較容易理解，蒙古人自幼在馬背上成長，《元朝秘史》講惜馬也是講惜時，《史集》此處猶言良馬之寶貴。

縱雄鷹篇，內容源自《史集》，意在強調「教兒嬰孩」之重要。蒙古地區現流行一類畫作，畫中少年策馬奔騰、馳騁草原，畫題「草原雛鷹」，自然之意躍然紙上。正所謂「雛鷹只有自己去飛，翅膀才會變硬；孩子只有離開爹娘，才能學會生活」，誠哉是言。

（二）、關於「蒼狼白鹿」

蒼狼白鹿篇，內容源自《蒙古黃金史》，其中有兩段看似含義相反，

實則卻另有深意的內容敘述。一段載於《元朝秘史》和《蒙古黃金史》，「這忽難是黑夜的雄狼，白天的烏鴉」。另一段載於《蒙古黃金史》，「在明亮的白天，要像雄狼一樣深沉細心；在黑暗的夜裡，要像烏鴉一樣堅忍不拔」。如果後者是在通常語境下的訓諭，那前者為何將忽難比喻成「黑夜的雄狼，白天的烏鴉」呢？

此處實際是在稱讚忽難的語境下提出的，一方面稱讚他「不曾隱晦、敢於直諫」的品性，另一方面〈蒙兀兒史記·忽難傳〉中提到他「貪襲強敵，而又善收集諸部迸散之種人」，也是對忽難大將風範的讚譽。

關於蒼狼之精誠，白鹿之堅忍，此處「白鹿」替代「烏鴉」，主要考慮白鹿晝夜活動節律表現出典型的晨昏動物特徵。相比烏鴉的「早出晚歸」，白鹿的「晚出早歸」或更能代表人在逆境下堅忍不拔的精神。

三、關於訓辭的格韻形式

〈尚書·虞書·舜典〉：「詩言志，歌詠言，聲依詠，律和聲。」

〈文心雕龍·明詩〉：「在心為志，發言為詩，舒文載實，其在茲乎！詩者，持也，持人情性；三百之蔽，義歸無邪，持之為訓，有符焉爾。」

《蒙古黃金史》：「英明聖主成吉思汗時代，他與有智慧的賢能者談話所做的訓諭，合撤押韻，音調鏗鏘，是不朽詩文，為教育後代子孫，搜集整理，編纂成書，供眾人閱讀。」

在浩瀚的訓辭史料和相關書籍中，經常會出現一些通俗易懂、含義深刻的排比金句，讀來朗朗上口、回味無窮。又因為其諸多來源和眾多編者的緣故，使得這些訓辭內容的表現形式不盡相同，格調氣韻也體系各異，給訓辭的廣泛傳頌帶來了一定影響。

所謂「言之不文，行之不遠」，在格韻形式方面，蒙文詩詞講究押頭韻，漢文詩詞講究押尾韻，還有一些其他類型的詩詞講究押腰韻。成吉思汗一百六十八字黃金訓辭，統一採用七言詩的形式，兼采頭、中、尾韻之長，在力求保留前人成果的基礎上，對訓辭內容進行了初步的整理和輯譯，期望對於大家的訓辭學習和研究有所裨益。

序　言

　　在輯集創作的過程中，由於理論基礎和文獻資料等方面存在一定的差距和不足，書中難免會出現一些錯誤和疏漏，希望讀者能夠不吝賜教。

　　《史集》：「諸王百官每歲來受教命，歸則實力奉行，自能綱舉目張，執本末從！」

　　值此辭舊迎新之際，意氣風發之時，吾輩兒女共聚一堂，齊聲誦讀聖祖訓辭，祝願同學如意吉祥，幸福安康！

甲辰新春之際志勇（巴特爾）自序

《金訓》
——成吉思汗箴言錄

【編輯室的話】

　　約莫是今年秋天收到巴特爾的作品稿子，當時書名定為：《金訓》——基於歷史典籍解析成吉思汗訓辭。必須誠實地說，編輯部同仁們都非常驚喜！

　　我們雖出版過成吉思汗相關書籍，但沒有像這樣以蒙古哲學為核心的專書。主要研究這位世界上最有影響力又充滿神秘感的帝王其思想，並收錄蒙文、漢文珍貴經典文獻原稿以相呼應解說，對於喜愛蒙古文化或是致力研究蒙漢文史哲學的朋友而言，著實非常有吸引力。

　　一開始，我並沒有透露太多對這部作品的喜愛與期待，因為實在是不確定巴特爾是否真的希望在本局出版本書。但當他給了我一個肯定的答案，並說道：「貴局歷史悠久，傳承百年，在優秀傳統文化的積澱與傳播方面成果卓著。出版的書籍享譽國際，深受海內外讀者的認可與喜愛，是相關文化作品出版的首選。此次稿件引用了諸多經典文獻，尤其強調傳統文化間的合璧印證和跨文化的交流互鑒，選擇貴局正是基於對本土化傳承與國際化傳播的綜合考量。」讓編輯部感動不已，同仁們除了對作品的偏愛，還多了一份心靈相通的情感聯結。

　　再者，我們了解到作者巴特爾是成吉思汗家族後裔，家學淵源，本於弘揚蒙古傳統文化的初衷且欲展現蒙漢文化交融而開始編纂此書，才有「基於歷史典籍解析成吉思汗訓辭」前人所未發的宏大標題，後因內容的擴展而將副題名更為「成吉思汗箴言錄」，但內容精髓不變。

　　本書初版以精裝收藏版面世，以對應「金訓」成吉思汗經世傳後訓辭的重要性與尊貴性，是一部必須珍藏的典籍！

中華書局編輯部主編　劉郁君
2024 年 12 月

【目　錄】

〔序　言〕
I

〔編輯室的話〕
VII

〔聖　像〕
001
成吉思汗（鐵木真）
002
薛禪汗（忽必烈）
004
達延汗（巴圖孟克）
006

〔訓章一〕
惜馬縱鷹
009

惜軍馬於未瘦時　馬瘦雖惜而無益
011
附圖：〈元世祖出獵圖〉劉貫道，1280
016
縱雄鷹於未驕時　鷹驕雖縱而無濟
019
附圖：〈草原雛鷹〉劉大為，2007
024

〔訓章二〕
饑饑塵紛
027

饑餓之時疾藜軟　饑渴之時鹼水甜
029
附圖：〈鬥風雪保春羔〉官布，1973
034
塵霧之中未嘗迷　紛亂之中未嘗離
037
附圖：〈Huts and Waggons〉The Book of Ser Marco Polo，1871
042

〔訓章三〕
解御身智
045
解牛之策在於竅　御群之策在於道
047
附圖：〈高原古道〉寶麗格，2024
052
身勇技長及其梢　智勇計深究其奧
055
附圖：〈蒙古的一天〉（局部）B. Sharav，20 世紀初
060

〔訓章四〕
賢賢臨臨
063
賢惠持家家之珍　賢能治國國之寶
065
附圖：〈耶律楚材〉蔣兆和，1940
070
臨民之道如乳牛　臨敵之道如鷲鳥
073
附圖：〈蒙古騎兵〉The History of the Mongols，16 世紀
078

〔訓章五〕
勤謙玉人
081

勤養之身怠則患　謙養之性驕則亂
083

附圖：〈萬安宮銀樹〉European imagination，18世紀
088

玉石無衣鐵無衫　人身如葦意如磐
091

附圖：〈磐山〉寶麗格，2024
096

〔訓章六〕
黑白丹青
099

黑夜堅忍如白鹿　白晝精誠如蒼狼
101

附圖：〈草原八月〉官布，1996
106

丹寸致遠當自牧　青尺無垠當自強
109

附圖：〈風吹草低見牛羊〉吳冠中，1992
114

〔附　錄〕
117

訓文通覽
119

訓章綱要
121

蒙古與乾元
123

〔書　畫〕
127

〈知己者知人〉寶樹國，2024
128

〈丹寸致遠、青尺無垠〉巴特爾，2025
129

〈霧中未曾迷焉〉巴圖，2025
130

〈勤勉〉寶力吉，2025
131

〈身力有限、智慧無窮〉寶麗格，2025
132

〈黑白丹青〉顏成瑞，2024
133

〔後　記〕
135

〔參考書目〕
139

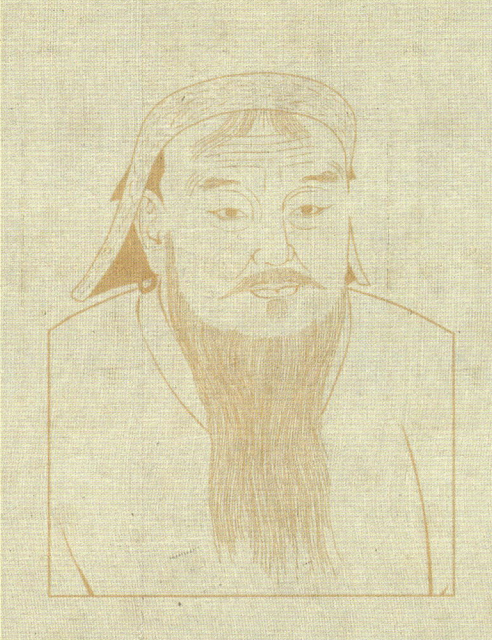

聖。
像。

《金訓》
——成吉思汗箴言錄

成吉思汗

1162 – 1227

元太祖鐵木真

1206 – 1227 在位
言論事蹟主要見於
《元朝秘史》

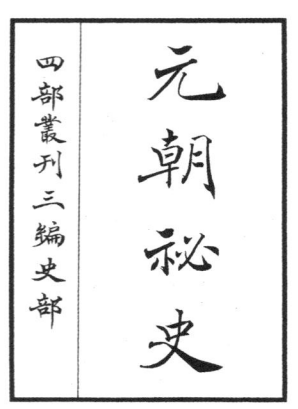

元朝秘史
四部叢刊三編史部

成吉思汗（鐵木真）

《金訓》
——成吉思汗箴言錄

薛禪汗

1215 - 1294

元世祖忽必烈

1260 - 1294 在位

言論事蹟主要見於

《元史》

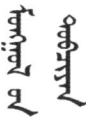

百衲本二十四史
四部叢刊史部
元史

聖　像

■ 薛禪汗（忽必烈）

《金訓》
——成吉思汗箴言錄

達延汗

ᠳᠠᠶᠠᠨ

1473－1543

元中興祖巴圖孟克

1479－1543在位

言論事蹟主要見於

《諸汗源流寶史綱》

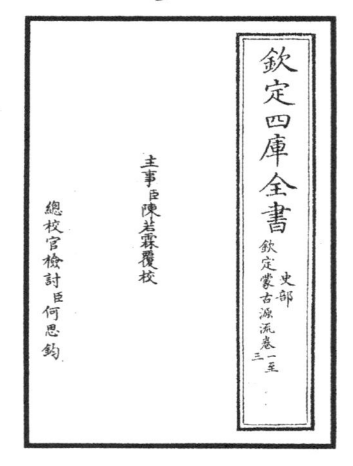

ᠳᠠᠶᠠᠨ ᠬᠠᠭᠠᠨ

欽定四庫全書
史部
欽定蒙古源流卷一至三

主事臣陳昌霖覆校

總校官檢討臣何思鈞

聖　像

達延汗（巴圖孟克）

《金訓》
——成吉思汗箴言錄

訓章一、惜馬縱鷹

——愛惜戰馬於未瘦之時

《金訓》
——成吉思汗箴言錄

〔背景〕

　　1206 年，在斡難河源頭，召集大會，立起九斿白纛，共上成吉思可汗以可汗之尊號。

　　牛兒年，成吉思汗降旨，命速不台追擊殘敵，臨行前成吉思汗對速不台進行訓諭。

　　彼時正值國家統一、民族復興之際，全體勇士懷揣壯志，準備在未來的道路上一展宏圖。

〔人物〕

　　速不台，烏梁海氏，常任先鋒，享有「巴特爾」稱號，被成吉思汗譽為「四獒」之一。曾參與第一、第二次西征，其征戰所及東至朝鮮半島，西達歐洲，北到西伯利亞，是上古至中古世界征戰範圍最廣的將領。

　　四獒：忽必來、者勒蔑、哲別、速不台。

〔醍醐〕

　　〈孫子兵法・勢篇〉：「故善戰者，求之於勢，不責於人，故能擇人而任勢。」（圖3）

　　〈史記・貨殖列傳〉：「治產積居，與時逐而不責於人，故善治生者，能擇人而任時。」（圖4）

　　以上所引是兵家典籍和史家典籍之精要，其中「擇」字應為「捨棄」之義。「擇人而任時（勢）」當解為「釋人任時（勢）」，即與時（勢）逐而不責於人，這和惜軍馬篇有異曲同工之處。

　　惜軍馬篇，除了強調要合時勢變化外，還要求我們珍惜當下把握未來，正所謂時勢造英雄，審時度勢不可取，白駒過隙，惜時任勢方能立於不敗之地。

訓章一、惜馬縱鷹

【訓辭】

惜軍馬於未瘦時，馬瘦雖惜而無益。

（蒙古文）

■ 文獻《元朝秘史（校勘本）》，烏蘭校勘，中華書局（北京），2012年版，第248頁。

■ 輯錄《成吉思汗箴言選輯》，尹曉東，內蒙古人民出版社，2015年版，第104頁。

■ 輯譯「跋山涉水，遠途行軍，要愛惜戰馬於未瘦之時；要節省糧草於未盡之時；如果戰馬瘦弱了，再想愛惜也遲了；如果糧草用盡了，再省也晚了。」（圖1、2）

《金訓》
——成吉思汗箴言錄

〔醍醐文獻〕

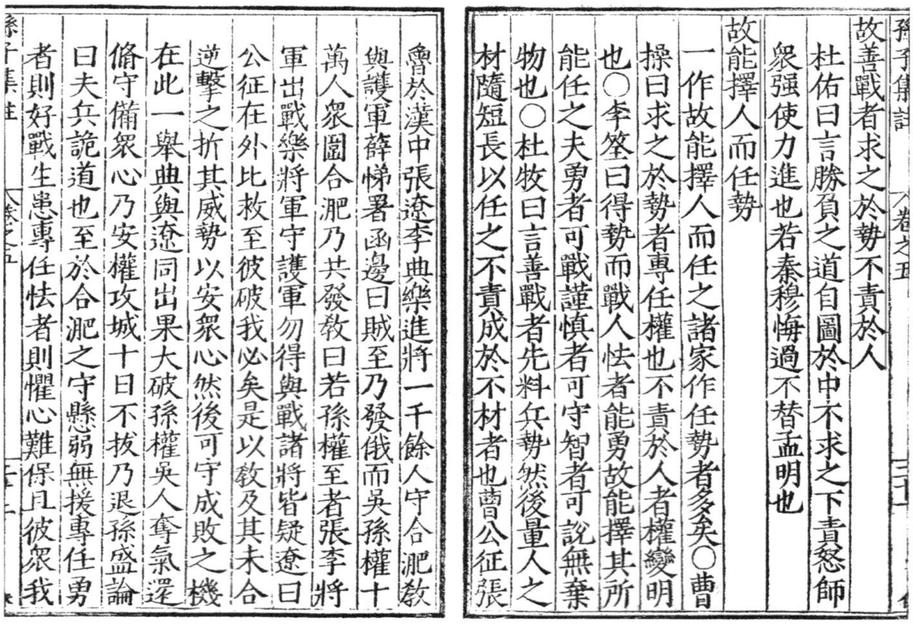

圖 3 《孫子集注》明談愷刊本內文

圖 4 《史記》清金陵書局刊集解索引正義合刻本內文

〔訓辭文獻〕

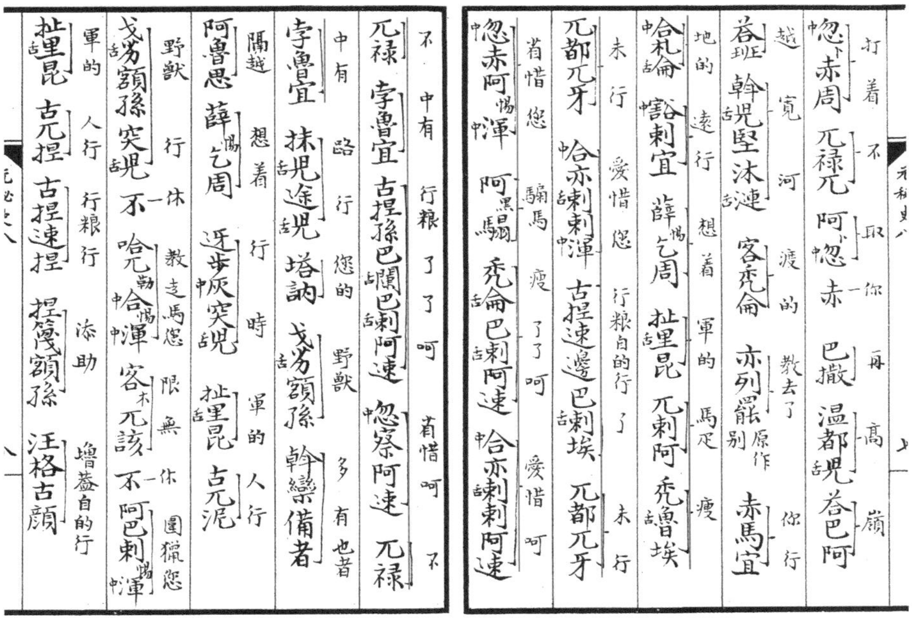
忽赤周 兀祿兀 阿惚赤 巴撒 溫都䂮 荅巴阿（打着 不 取 你 再 高 嶺）
荅班 斡兒堅沐漣 客兊侖 亦列罷 原作別 赤馬宜（越 寬 河 渡 的 教去了 你行）
合剌侖 嚳剌宜 薛亡周 扯里昆 兀剌阿 兊魯埃（地的 遠行 想着 軍的 馬疋 瘦）
兀都兀牙 合亦剌剌渾 古揑速邊 巴剌埃 兀都兀牙（未行 愛惜 您 行粮自的行 了 未行）
忽赤阿渾 阿騙 兊侖 巴剌阿速 合亦剌剌阿速（着惜 您 騸馬 瘦 了了 呵 愛惜 呵）
兀祿 孛魯宜 古揑孫巴闌 巴剌阿速 忽察阿速 兀祿（不 中有 行粮 了了 呵 着惜 呵 不）
孛魯宜 抹兒途䂮 塔訥 戈劣額孫 斡欒備者（中有 路行 您的 野獸 多 有也者）
阿魯思 薛亡周 迓步灰突䂮 扯里昆 古兀泥（隔越 想着 行 時 軍的 人行）
戈劣額孫 突䂮 不 哈兀合渾 客兀該 不 阿巴剌渾（野獸 行 休 教走馬 您 限無 你 圍獵 您）
扯里昆 古兀揑 古揑速揑 揑篋額孫 汪格古顏（軍的 人行 行粮行 添助 增蓋自的行）

圖 1《元朝秘史》四部叢刊三編本內文 a

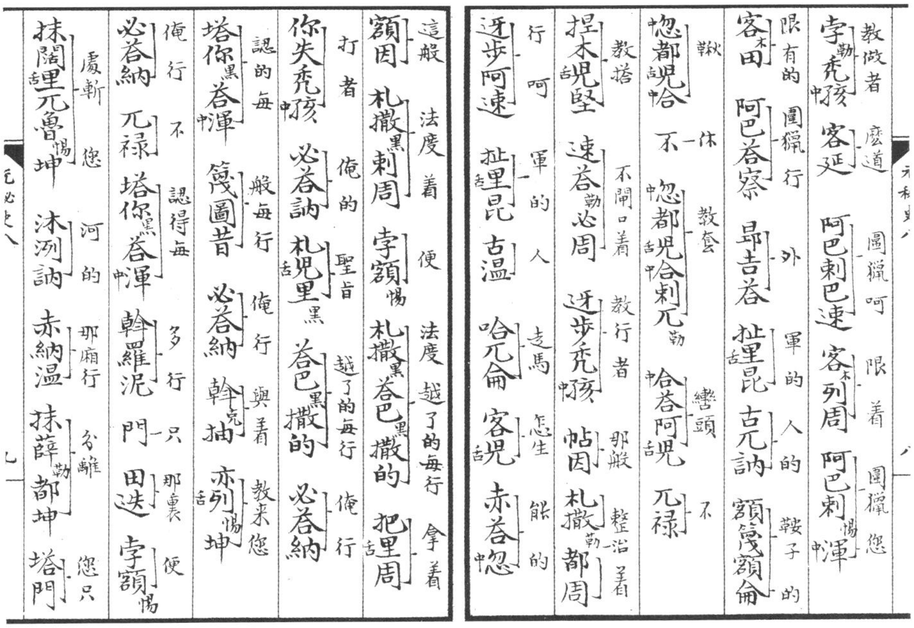
孛兊孩 客延 阿巴剌巴速 客列周 阿巴剌渾（教做者 麼道 圍獵 呵 限着 圍獵 您）
客田 阿巴荅察 昂吉荅 扯里昆 古兀訥 額篋額侖（限有的 圍獵行 外 軍的 人的 鞍子的）
忽都䂮合 不 忽都䂮合剌兀 合荅阿䂮 兀祿（鞦 休 教套 轡頭 不）
揑木䂮堅 速荅必周 迓步兊孩 帖因 札撒都周（教搭 不開口着 教行者 那般 整治着）
迓步阿速 扯里昆 古溫 哈兀侖 客䂮 赤荅忽（行 呵 軍的 人 走馬 怎生 能的）
額因 札撒剌周 孛額 札撒荅巴撒的 把里周（這般 法度 着 便 法度 越了的每行 拿着）
你失兊孩 必荅訥 札兒里 荅巴撒的 必荅納（打者 俺的 聖旨 越了的每行 俺行）
塔你荅渾 篋圖昔 必荅納 斡抽 亦列坤（認的每 般每行 俺行 與着 教來您）
必荅納 兀祿 塔你荅渾 斡羅泥 門 田迭 孛額（俺行 不 認得每 多 行 只 那裏 便）
抹闊里兀魯坤 沐漣訥 赤納溫 抹薛都坤 塔門（處斬 您 河的 那廂行 分離 您只）

圖 2《元朝秘史》四部叢刊三編本內文 b

《金訓》
——成吉思汗箴言錄

【醍醐文典】

〔醍醐文獻〕

■圖3：《孫子集注》明談愷刊本，第五卷第21、22頁。

原文：「故善戰者，求之於勢，不責於人，故能擇人而任勢」。

■圖4：《史記》清金陵書局刊集解索引正義合刻本，第一百二十九卷第3、4頁。

原文：「治產積居，與時逐而不責於人，故善治生者，能擇人而任時」。

〔原篇選錄〕

「范蠡既雪會稽之恥，乃喟然而歎曰：『計然之策七，越用其五而得意。既已施於國，吾欲用之家。』乃乘扁舟浮於江湖，變名易姓，適齊為鴟夷子皮，之陶為朱公。朱公以為陶天下之中，諸侯四通，貨物所交易也。乃治產積居。與時逐而不責於人。故善治生者，能擇人而任時。十九年之中三致千金，再分散與貧交疏昆弟。此所謂富好行其德者也。後年衰老而聽子孫，子孫修業而息之，遂至巨萬。故言富者皆稱陶朱公。」

〔典籍選介〕

《史記》，初無固定書名，稱《太史公書》或《太史公記》，是西漢漢武帝時期太史公司馬遷編寫的紀傳體史書，是中國歷史上第一部紀傳體通史。

該書原稿已佚失，目前存世最古的完整本為現藏臺灣中央研究院歷史語言研究所的北宋「景祐本」《史記集解》（其中有十五卷為別版補配）及日本藏南宋版黃善夫刻《史記三家注》。

作者以其「究天人之際，通古今之變，成一家之言」的史識，對後世史學和文學的發展皆產生了深遠影響。

【訓辭文典】

〔訓辭文獻〕

■圖1、2：《元朝秘史》四部叢刊三編本，第八卷第7、8、9頁。

原譯：「跋山涉水，遠途行軍，要愛惜戰馬於未瘦之時；要節省糧草於未盡之時；如果戰馬瘦弱了，再想愛惜也遲了；如果糧草用盡了，再省也晚了」。

〔原篇選錄〕

「就在這牛兒年，成吉思可汗降聖旨，命速不台攜帶鐵車追襲脫黑脫阿之子忽都、合勒、赤剌溫等。臨行，成吉思可汗對速不台降聖旨，說『叫你前去越過高山，渡過大河。你要注意路途遙遠，要愛惜戰馬於未瘦之時；要節省糧草於未盡之時；如果戰馬瘦弱了，再想愛惜也遲了；如果糧草用盡了，再省也晚了。』」

〔典籍選介〕

《元秘史》是蒙古汗室世代相傳的金匱之書「拖卜察安」的一部分，最初以蒙古文書寫，後經輾轉傳抄，其蒙古原文已佚，目前流傳下來的版本之一是漢字音寫意譯本。

「元秘史」原為明初漢字加工本的書名，抄入《永樂大典》時改為《元朝秘史》，是明廷為了培養蒙漢翻譯人才，指令翰林院通曉蒙古語之人譯寫的系列對照教材中的一部。

相較於原本「拖卜察安」，《元朝秘史》記載了成吉思汗及窩闊台汗時期的重要事蹟，缺失了大量寶爾特奇諾以前及窩闊台汗以後的歷史內容。儘管如此，《元朝秘史》仍然是後人瞭解和研究蒙古歷史異常珍貴的第一手資料。

《金訓》
——成吉思汗箴言錄

〈元世祖出獵圖〉劉貫道，1280

【青史奇譚】

〈忽必烈論儒釋〉

　　大元文武皇帝忽必烈斯欽世祖，於至元三年親往齊魯故地討平暴亂，當時世祖布命把史天澤麾下文人張德輝召至番地問道：「我們大蒙古國剛剛興旺之時，人們紛紛議論說，遼亡於釋教，金滅於儒教，你說這是什麼道理？難道文章典籍不利於社稷嗎？」德輝聽了馬上叩首回道：「因我本人從未出使他國，所見極少，唯獨金國是因為禁錮朝臣而導致滅亡的。」

　　世祖聽了，甚以為然：「釋教治人心，儒教正人身，二者皆為可取，然不善變通者往往取此棄彼，捨本逐末，招致禍端，攪亂世道。雖然釋儒都基於世道，但若只顧攻經學儒，置世道於不顧，經儒典籍也無所依託，這樣怎能不招禍呢？我雖力主經儒並舉，然而也絕不違背世道。只是國家長期和平容易忘記禍亂，因而也就容易拋棄世道而傾於另一種偏差，到了國事衰微的時候就吃他的苦頭。因此，遼在太平盛時沉迷於玄術，佛教盛行，國政廢棄，世道禁錮，社稷傾覆，所以才說遼毀於釋教。金立國以後，又溺於清談，偏重儒術，廢止武功，喪失世道，以至社稷傾敗，因而說它是滅於儒教。依卿高見，我們大蒙古國將來會吃什麼學說的虧呢？」張德輝叩頭說道：「小臣不知。」

　　世祖微笑道：「我們大蒙古國的鄉土習俗，人臣意向，頗近於遼和金，社稷大安以後，勢必尊崇釋教。因何這樣說呢？如今我細察三教六藝九流所論之理，釋教深邃而遠，高大而精，門路紛繁，旨意無窮。而我們蒙古人的脾性多怪，全然不顧自己的能力，凡事所求甚高，加之天下大和之後人人安居樂俗，因此勢必崇奉釋教，甚至於貪圖安逸，顧望玄術。雖說時勢所趨之下，不必過分苛責，但也絕不能背離世道，於釋教如此，於儒教亦然。只要不妨礙天理世道，因勢利導擷取釋儒精華，理性地調和釋儒矛盾，定能繁榮昌盛，生生不息。」

《金訓》
——成吉思汗箴言錄

〔背景〕

《史集》之外，《長春真人西遊記》也載有成吉思汗關於「弓馬騎射」之訓辭。

1222年，丘處機曾入諫成吉思汗減少出獵，成吉思汗訓諭「我蒙古人，騎射少所習，未能遽已。」（圖6、7）

「騎射文化」對蒙古人來講，至少有三層核心義位。第一層「謀生」，精騎善射是蒙古人賴以生存的重要技能；第二層「謀教」，控弦馭馬是蒙古人教育子孫的重要方法；第三層「謀道」，弓馬之利是蒙古人之所以取天下的重要原因。

〔人物〕

四子（汗與布爾德之四子）：朮赤、察合台、窩闊台、拖雷。

〔醍醐〕

〈元史・本紀〉：「太祖其十世祖孛端察爾獨乘青白馬，至八里屯阿懶之地居焉。食飲無所得，適有雛鷹搏野獸而食，孛端察爾以緡設機取之，鷹即馴狎，乃臂鷹，獵兔禽以為膳，或闕即繼，似有天相之。」

育人如馴鷹，根基在年輕。蒙古人騎射自幼所習，這是蒙古人獨特的教育方式，也是蒙古人對待教育的態度，只有學會自立自強，才能算是真正的蒙古人。

〈孔子家語・七十二弟子解〉：「少成若天性，習慣如自然。」

〈顏氏家訓・教子篇〉：「驕慢已習，方復制之，捶撻至死而無威，忿怒日隆而增怨，逮於成長，終為敗德。」

所謂「苟不教，性乃遷」，固須趁時，勿失機也。

〈白居易・放鷹〉：「乘饑縱搏擊，未飽須縶維。聖明馭英雄，其術亦如斯。」

訓章一、惜馬縱鷹

【訓辭】

縱雄鷹於未驕時，鷹驕雖縱而無濟。

- 文獻《史集》，拉施特著，商務印書館（北京），1983年版，第一卷第二分冊，第357頁。
- 輯錄《成吉思汗管理箴言》，司馬安，中國民航出版社，2005年版，第152頁。
- 輯譯一「應當很好地教會兒子們射箭、騎馬、一對一地格鬥，並讓他們練習這些事，通過這樣的訓練把他們練得勇敢無畏。」（圖5）
- 輯譯二「雛鷹只有自己去飛，翅膀才會變硬；孩子只有離開爹娘，才能學會生活。」

019

《金訓》
——成吉思汗箴言錄

〔醍醐文獻〕

正合朕心勅左右紀以回紇字師請徧諭國人上從之又集太子諸王大臣曰漢人尊重神仙汝等敬天我今愈信真天人也乃以師前後奏對語諭之且云天俾神仙為朕言此汝輩各銘諸心師辭退逮正旦將帥醫卜等官賀師十有一日馬首遂東西望邪米思干千餘里駐大果園中十有九日父師誕日衆官爇香為壽二十八日太師府提控李公別去師謂曰再相見也無李公曰三月相見師曰汝不知天理二三月決東歸矣二十一日東遷一程至一大川東北去賽藍約三程水草豐茂可飽牛馬因盤桓焉二月上七日師入見奏曰山野離海上約三年迴今茲三年復得歸山固所願也上曰朕已東矣同途可乎對曰得先行便來時漢人問山野少還

圖6《長春真人西遊記》明內府刊本內文a

期嘗荅云三歲今上所懃訪敷奏訖因復固辭上曰少俟三五日太子來前來道話所有未解者朕悟即行八日上獵東山下射一大豕馬蹞失馭豕傍立不敢前左右進馬遂罷獵還行宮師聞之入諫曰天道好生今聖壽已高宜少出獵墜馬天戒也豕不敢前天護之也上曰朕已深省神仙勸我良是我蒙古人騎射少所習未能遽已雖然神仙之言在喪爲上顧謂吉息利荅剌汗曰但神仙勸我語以後都依也自後兩月不出獵二十有四日再辭朝上曰神仙將去當與何物朕將思之更少待幾日師知不可遽辭徊翔以待三月七日又辭上賜牛馬等物師皆不受曰袛得馹騎足矣上問通事阿里鮮曰漢地神仙弟子多少對曰甚衆神仙來時德興府龍陽

圖7《長春真人西遊記》明內府刊本內文b

〔訓辭文獻〕

圖 5 《史集》十五世紀抄本內文

《金訓》
——成吉思汗箴言錄

【醍醐文典】

〔醍醐文獻〕

■圖6、7：《正統道藏》正一部明內府刊本《長春真人西遊記》。

原文：「我蒙古人，騎射少所習，未能遽已」。

〔原篇選錄〕

「二月上七日，師入見，奏曰：山野離海上，約三年回，今茲三年，復得歸山，固所願也。上曰：朕已東矣，同途可乎？對曰：得先行便。來時漢人問山野以還期，嘗答云三歲。今上所諮訪、敷奏訖，因復固辭。上曰：少俟三五日，太子來，前來道話所有未解者，朕悟即行。八日，上獵東山下，射一大豕，馬蹄失馭，豕傍立不敢前，左右進馬，遂罷獵還行宮。師聞之，入諫曰：天道好生，今聖壽已高，宜少出獵，墜馬，天戒也。豕不敢前，天護之也。上曰：朕已深省，神仙勸我良是。我蒙古人，騎射少所習，未能遽已。雖然，神仙之言在衷焉。上顧謂吉息利答剌汗曰：但神仙勸我語，以後都依也。自後，兩月不出獵。」

〔典籍選介〕

《長春真人西遊記》是道教全真派道士李志常撰寫的一本遊記，主要記述了其師丘處機和弟子應成吉思汗之邀遠赴中亞途中的見聞，也順道記述了一些丘處機的生平。此書分上下兩卷，卷後附錄成吉思汗聖旨等相關文字資料，是研究十三世紀中亞歷史、蒙古歷史和中國道教歷史的重要典籍。

《長春真人西遊記》長期埋沒於道教典籍《道藏》之中，直到清乾隆六十年（1795年），方由錢大昕和段玉裁在蘇州玄妙觀《道藏》中發現，由錢大昕抄出，得以大行於世。

【訓辭文典】

〔訓辭文獻〕

■ 圖5：《史集》十五世紀抄本，「成吉思汗紀：他的足資垂訓的言論」。

原譯：「應當很好地教會兒子們射箭、騎馬、一對一地格鬥，並讓他們練習這些事，通過這樣的訓練把他們練得勇敢無畏」。

〔原篇選錄〕

「就像我們的商人帶來織金衣服和好東西並堅信能從這些布匹織物獲得巴里失那樣，軍隊的將官們應當很好地教會兒子們射箭、騎馬、一對一地格鬥，並讓他們練習這些事，通過這樣的訓練把他們練得勇敢無畏，使他們像堅毅的商人那樣地掌握他們所知道的本領。」

〔典籍選介〕

《史集》是蒙古伊利汗國時期，旭烈兀曾孫合贊的宰相、史學家拉施德丁主編的一部世界通史，內容包括了中世紀世界各國、各民族的歷史，因其涵蓋範圍之廣被譽為「第一部世界史」。

拉施德丁在編寫《史集》時，充分利用了十三世紀末以前的各種波斯文和阿拉伯文的歷史著作，還利用了當時保存於伊利汗國宮廷檔案中用蒙古語寫成的《金冊》。在撰寫的過程中，拉施德丁採訪了許多蒙古、印度、畏兀兒的學者和熟悉各國歷史的人物，其中特別請教了來自大元忽必烈時代的蒙古朵爾邊氏的承相博羅。由於拉施德丁客觀地記述了當時各民族的口頭傳說，廣泛地採用了各種原始文獻資料，因此《史集》這部巨著，尤其是其蒙古史部分具有很高的史料價值，是後人研究中世紀歷史，尤其是研究蒙古史不可或缺的珍貴資料。

《金訓》
——成吉思汗箴言錄

〈草原雛鷹〉劉大為,2007

訓章一、惜馬縱鷹

【青史奇譚】

〈少年忽必烈〉

　　話說成吉思汗率軍征西四年凱旋歸國，眾人無不高興，是年孟夏，成吉思汗進入內宮，拜見太后。太后執著皇兒雙手，仔細端詳皇兒臉面，笑著說道：「皇兒征西不勝勞累，母親沒想到還能活著見到皇兒，如今母親再沒有半點遺恨。」

　　當時眾曾孫都聚在太后身旁，太后以手指著忽必烈說道：「忽必烈這孩子舉止端正，談吐不俗。如今他還不到十歲，然畏兀兒、女真、漢人三種語言他皆知曉。他見我平時想念皇兒之意，暗處與別的孩子玩耍時，說道：『曾祖母即使有了金山銀山，也不看在眼裡，只要皇祖回來，她便萬事如意。』你說十歲孩童何以得知母親念子之心？」

　　皇主頗為驚喜，便順太后之意敘了敘家常，又說了幾句教國母開心之語，擺筵獻酒之後，辭別國母出去，吩咐眾臣辦好後事不提。

　　且說成吉思汗召集眾皇孫，挨次散賞，叫到四太子拖雷長子蒙和，次子忽必烈二人。當時蒙和正是讀書年齡，便取出西域各國所納精細器皿、美麗字畫賞給他。因拖雷次子忽必烈年齡尚幼，便取出弓箭刀槍等物賞給他。忽必烈頓首接過，對其兄蒙和說道：「祖父賞哥哥以君主之禮，賞我以武將之禮。」成吉思汗聽聞此言，忙教二人進來，問道：「何謂君主，何謂武將？」忽必烈奏道：「君主者盡有天下萬物。而天下萬物皆賴語言文字以傳。典籍經傳即以傳天下萬物者，以此稱主。而武將者勝敗不定，即令贏人，也只一勇將。為君者縱有數百名勇將也不為多。」

　　皇主聽罷，大為驚喜，笑著說道：「大凡亂邦，必以武力平定，大凡治世，必以文教治理。彼將有一日據吾寶座，使汝輩將來獲見一種命運，燦爛有如我在生之時。」

《金訓》
——成吉思汗箴言錄

訓章二、

饑。饉。塵。紛。
——霧中未嘗迷焉，亂中未嘗離焉

《金訓》
——成吉思汗箴言錄

〔背景〕

成吉思汗少年時期，蒙古草原部落林立、征戰不休。1170 年，九歲的鐵木真失去父親，與母親諸弟在斡難河上游漁獵遊牧。雖歷經艱險，卻依然英勇頑強、鬥志高昂。

〔人物〕

月倫母親：1206 年尊皇太后，1266 年上諡號宣懿皇后。

四兄弟：哈薩爾、別勒古台、合赤溫、帖木格。

〔醍醐〕

〈歐陽修・易童子問〉：「人情處危則慮深，居安則意怠，而患常生於怠忽也。」

所謂「生於憂患，死於安樂」，面對客觀環境的變化，端正心態積極認知，知行合一，方能行穩致遠。

《元朝秘史》：「鎖兒罕・失剌看見鐵木真在水溜裡躺著，就說『你目中有火，臉上有光。你就那麼躺著，我不告發！』」

知事者知己，知己者知人。

知事者誠，切合實際，可鑒真假；知己者明，擺正位置，可辨是非；知人者智，放眼未來，可察利害。

《黃金史綱》：「言而有信的人，心地堅貞，寡欲以協眾。」

《蒙古黃金史》：「成吉思汗問忽亦勒答爾・徹辰『智慧中，人所不及的智慧是什麼？』忽亦勒答爾・徹辰答『有自知之明的人，是人所不及的智者。』」

〈孫子兵法・謀攻篇〉：「知彼知己，百戰不殆；不知彼而知己，一勝一負；不知彼不知己，每戰必殆。」

《Whole Earth Epilog》：「Stay hungry, Stay foolish.（求知若饑，虛心若愚）」（圖 9、10）

訓章二、饑饑塵紛

【訓辭】

饑餓之時蕨藜軟，饑渴之時鹼水甜。

■ 文獻《史集》，拉施特著，商務印書館（北京），1983 年版，第一卷第二分冊，第 357 頁。

■ 輯錄一《成吉思汗評傳》，張振珮，中華書局（上海），1943 年版，第 128 頁。

■ 輯錄二《北票文史資料》，第五輯，2006 年，第 55 頁。

■ 輯譯「為將者，必知己之疲，知己之饑渴，而後推之於人，其行軍也，必知路之遠近，以量士馬之力，量力自弱者始，弱者能之，強者無弗能矣。」（圖 8）

《金訓》
——成吉思汗箴言錄

〔醍醐文獻〕

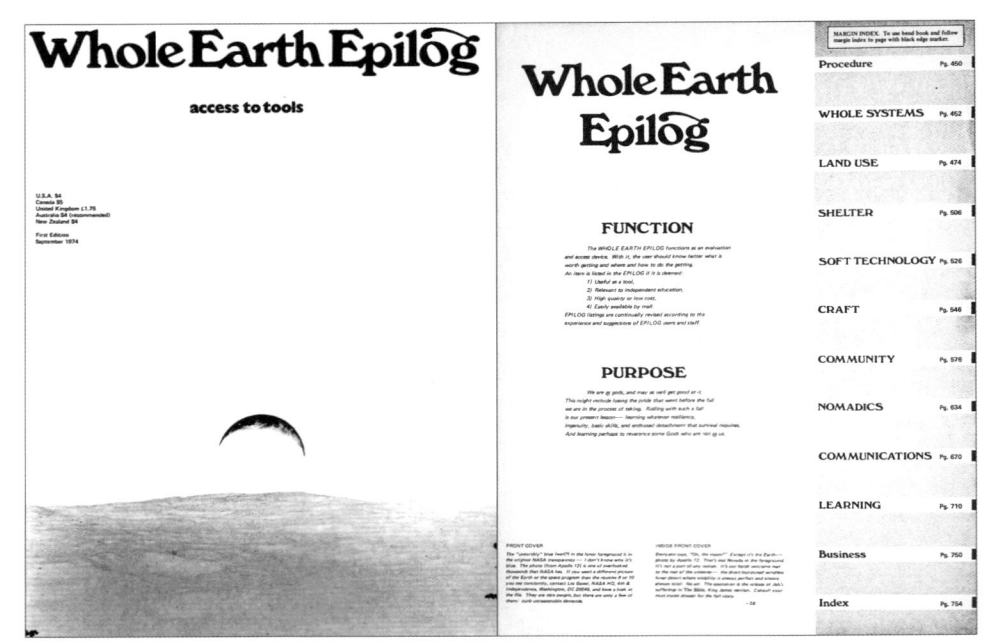

圖 9《Whole Earth Epilog》1974 年 9 月刊封面和目錄

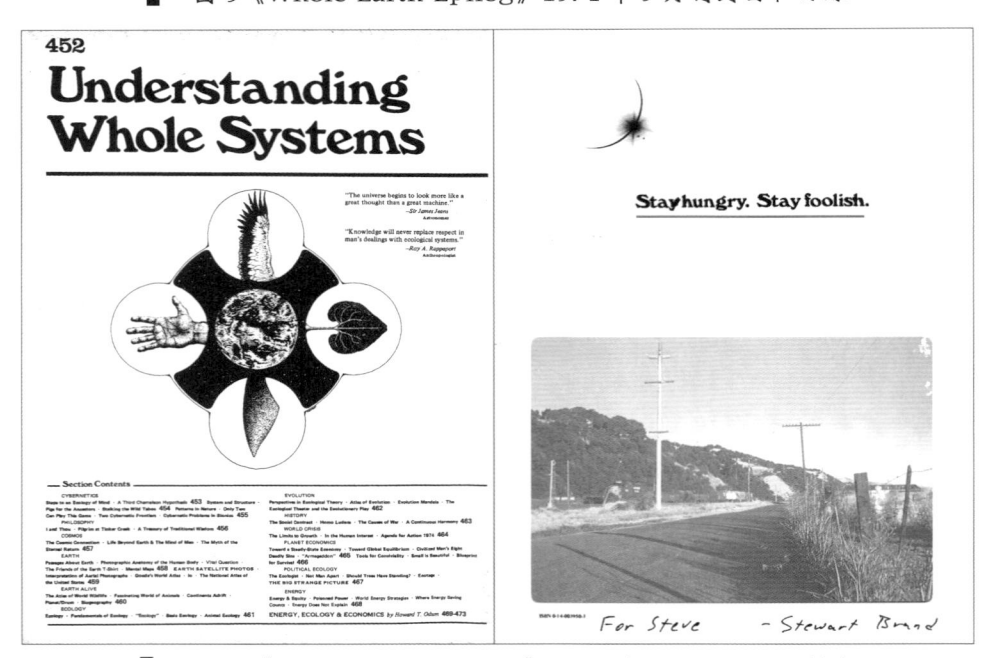

圖 10《Whole Earth Epilog》1974 年 9 月刊內頁和封底

〔訓辭文獻〕

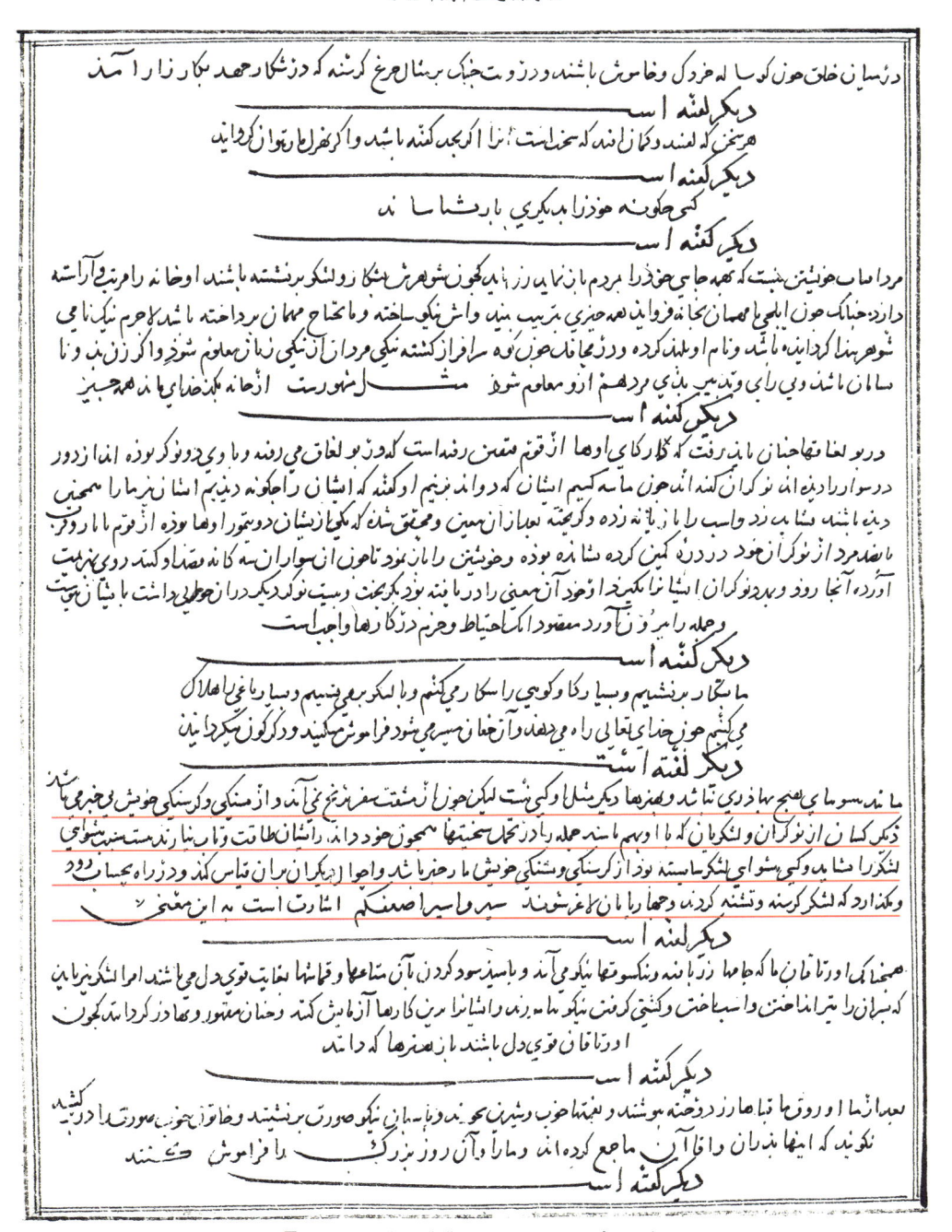

در زمان خلق چون کوسا له مردک و خامشی باشند و درزو تنجنگ بمثال مرغ کشته که دزد کار جهد بکار زار آمد
دیگر گفته است
هر کس که گویند و گمان کنند که آن حضرت آست را که یک گفته باشد و آن را هر گز نگویند
دیگر گفته است
کسی چه گونه هذرا بدگوی یا پادشاه سا...ند
دیگر گفته است
مرد ما چونیں شنست که جها جای چون درآبد مردم آن بمایندر از آن بگویم شوم هر چنگ زن کچور روسکو برنشسته باشند او هارا مرتبه آراسته
دارد چنانک چون اینمو عثمان بحان فروایں همه چیزی بترتیب بنهند واش نیکی ساخته و ما خاج مها من مرد خاسته باشد که هرم نیکی نامی
شو هر نهاد گوابند باشد و نام اوبلند کنند و درمجا آند چون آنکه سزا وار آن کنشته نیکی مردان آن نیکی نبا زر معلوم شود و آنکه زن بد و نا
سا ما ن باشد وی رابی و بدبیر بنابی مردهم از او معلوم شود   مش...لمبنورست   از خانه کدخدایی ما ند همچیز
دیگر گفته است
در وقت تقاها آن ما ند چنا ن که گاه کای اوها از قنه متقن رفت آست که در زی و لغاتی می رفند وما وی چه رو کرد بر انذا ز دور
د سواراد دینه آند نوکر آن گفته آند چون ما سه کیم اشان که دوا نه شنیم او گفته که اشان را جا که نه دنیم اشان از شرما بهمون
دینه باشد شنا سند به زد واسب ما را به باز نه زده د کفت تجاز آن زمین و محقق شد که بیخ از انشان دو نفر اوها ود یه از قوم ما ر و قتی
با ضد رم مرد از نو کل آن خود درد نیه کمین کرده شنا نده و خویشتن را ما ن نو د و آن آن سوار آن سه که کا مصدا ف کند دروی بهیبت
آوردند آنجا رود و بدیدنو کل آن اینا نا کبخدا یخود آن معنی را درما نده نود و کنج بحث و سئت نوکر کرد درا زجوائی داشت با شیا ز نبیت
حمله را ما بر ون آورد در د مقصود اکنا احتیاط و هزیم درزگا رها وا جب آست
دیگر گفته است
ما ستا یه برنشیم و بیا یه ر کا وکویی را سکا رمی کنم و با لشکر جمع شنیم و بیا ریا عوی اهلا ک
می کنیم چون خدا ی تعالی راه موجهت و آن خنا را آنجا سیری شود فرا موش بکنید و در کوی جدا یا ند
دیگر لفته است
ما ند سو ما ی صبح ها دری تبا شد و بهزها دیگر مثل وکوبشت لیکن چون از نبت عرف نبع می آیند و از مثلکی و کرشنگی خویش و خیش مها
ذیگر کسا ن از نرنه کا ن و لشکر ان که ما او بهی ما سته در حمله را درا نجا تحمل خنعها ها بجو ن خود دارد راشان طاقت و تا ب نیا رند دست بدست ستوا هی
لشکر را شنا یه و کنی شو ای لشکر شا بسته نو د از کرسنگی و شنگی خویش ها مجزا با شد واجب ایکا را را ن نیا س کند و درز راه بجو یا دود
و یا کذارد که لشکر کرشنه و شنه کردند وعها برا ما ن با کا عرشنید   سیروا سا ریا اصغکم   اشارت آست به این معنی
دیگر گفته است
جمعیتی که او زا فا ن ما کجا ها زرآ یا ند و شگو سها نیکو می آیند و با سپید سو د کر دن آن شا سعا طا و قناعها غا یت قوی با شند اما لشکر یا ین
که بر آ ن را شیر ا ما خته ن و ا سپا خت کنش نیکو کنش شا سپرند دا شن آ با را ها دارند آزما یش کند و خدا ن معذور و تها در کردا شد کون
اوز آن فا ن قوی دل با شند از شمحها که دا نند
دیگر گفته است
عبا د شما او روز ها قنا صا را در دو خنه یو شند و نفنها خوب دیدن نحمیند و بیان نیکو صورت برنشیند و طاعت بخون صورت دارند
نکو یند که اینها بندان و اقا را ما جمع کرده اند وما را و آن آن روز بزرگ   ما فرا موش   کنند

图8《史集》十五世紀抄本內文

《金訓》
——成吉思汗箴言錄

【醍醐文典】

〔醍醐文獻〕

■ 圖9、10：《Whole Earth Epilog》1974年9月刊（Stewart Brand簽贈本）封底。

原文：「Stay hungry, Stay foolish.」

〔原篇選錄〕

「夫將者，國之輔也，輔周則國必強，輔隙則國必弱。故軍之所以患於君者三：不知三軍之不可以進，而謂之進；不知三軍之不可以退，而謂之退；是謂縻軍。不知三軍之事，而同三軍之政，則軍士惑矣。不知三軍之權，而同三軍之任，則軍士疑矣。三軍既惑且疑，則諸侯之難至矣，是謂亂軍引勝。故知勝者有五：知可以戰與不可以戰者勝，識眾寡之用者勝，上下同欲者勝，以虞待不虞者勝，將能而君不御者勝；此五者，知勝之道也。故曰：知彼知己，百戰不殆；不知彼而知己，一勝一負；不知彼，不知己，每戰必殆。」

〔典籍選介〕

《孫子兵法》即《孫子》，又稱作《武經》、《兵經》，作者為春秋末期的齊國人孫武（字長卿）。一般認為，《孫子兵法》成書於專諸刺吳王僚之後至闔閭三年孫武見吳王之間，也即西元前515至前512年，全書為十三篇，是孫武初次見面贈送給吳王的見面禮。

《孫子兵法》是世界上最早的兵書之一，被奉為兵家經典，後世的兵書大多受到它的影響，對中國的軍事學發展影響非常深遠。它也被翻譯成多種語言，是在世界軍事史上具有重要地位的著作。

訓章二、饑饑塵紛

【訓辭文典】

〔訓辭文獻〕

■圖8：《史集》十五世紀抄本，「成吉思汗紀：他的足資垂訓的言論」。

原譯：「為將者，必知己之疲，知己之饑渴，而後推之於人，其行軍也，必知路之遠近，以量士馬之力，量力自弱者始，弱者能之，強者無弗能矣」。

〔原篇選錄〕

「再也沒有像也孫拜那樣的勇士了，沒有人像他那樣能幹。但由於他不感到遠征之苦、不知饑渴，他就認為與他在一起的那可兒、戰士和所有其他的人們也都像他那樣能忍受遠征的勞累，而他們並不能。因此，他不適於擔任軍隊首長。只有自己能知道這種饑渴並據以推知別人的情況，只有在行軍時能考慮到不讓軍隊饑渴、牲畜消瘦的人，才配擔任軍隊首長。」

〔典籍選介〕

《黃金史綱》全稱《諸汗源流黃金史綱》，是一部簡明扼要的蒙古編年史書，是晚於《元朝秘史》早於《蒙古源流》的一部集中反映當時蒙古政治、經濟、軍事、文化的代表史書之一。

《黃金史綱》再現了十四世紀至十七世紀兩百多年的蒙古歷史，從烏哈噶圖汗妥歡帖睦爾到達延汗巴圖孟克的世系；達延汗統一蒙古諸部的歷史活動；阿剌克汗博迪至庫圖克圖汗林丹的汗系及其活動；格根汗阿勒坦迎請三世達賴喇嘛索南嘉措與藏傳佛教在蒙古地區的傳播等。這些內容的史料詳實，價值很高，在蒙古史學中起到了承先啟後的重要作用，也是研究蒙古汗系和諸諾顏台吉譜系的寶貴資料。

《金訓》
——成吉思汗箴言錄

〈鬥風雪保春羔〉官布，1973

【青史奇譚】

〈目中有火的人〉

「目中有火，臉上有光」，通常用來形容一個人的精神面貌，猶言青春似火、赤誠若渴。這句話在蒙古地區從古至今都是一句常用的誇獎孩子們的諺語。

①目中有火的鐵木真

在鐵木真九歲的時候，也速該巴特爾帶他去弘吉剌部，路上遇見了德薛禪。德薛禪問：「也速該親家，到哪裡去？」也速該巴特爾說：「到我這個兒子的母舅家，去求一個女兒來。」德薛禪說：「你這兒子是個目中有火，臉上有光的孩子啊！」後來，當塔里忽台把鐵木真捉去，通令部族的百姓，叫他徇行輪宿。鐵木真逃走後，鎖兒罕失剌看見鐵木真在水溜裡躺著，也說「正因為你這樣有才智，目中有火，臉上有光。你的兄弟們才那樣嫉妒你，你就那麼躺著，我不告發！」

②目中有火的布爾德

「也速該一看德薛禪的女兒（布爾德），果真是個臉上有光，目中有火的女孩子，正合了自己的心願。」

③目中有火的曲出

「泰赤烏人驚慌逃走時，在他們的營地上遺棄了一個戴貂皮帽子，穿母鹿蹄皮靴子，穿邊緣綴以水獺皮的無毛皮衣，目中有火名叫曲出的五歲男孩。按蒙古人的習俗，便視其為家人獻給月倫母親收養了。」

④目中有火的孟速思

孟速思，畏兀人，世居別失八里。幼有奇質，年十五，盡通本國書。太祖聞之，召至闕下，一見大悅，曰：「此兒目中有火，他日可當大用。」

蒙古歷史典籍中記載了很多「目中有火」的人，他們是時代的「追光者」。他們的事蹟和精神，是激勵我們不懈奮鬥的動力源泉。

《金訓》
——成吉思汗箴言錄

〔背景〕

成吉思汗在庫里台大會上訓諭司膳汪古兒，並任命其為第十三個千戶諾顏。「司膳」是旗薛執事之一，旗薛成員稱旗薛丹。

由那可兒和部落宗親所率領的旗薛軍，是蒙古統一初期有效應對各類風險挑戰的重要支柱和依靠力量。

〔人物〕

汪古兒：蒙格圖奇源之子，蒙格圖奇源是成吉思汗伯父。

納牙阿：蒙古八鄰部人，中軍萬戶。

〔醍醐〕

〈元史・兵志〉：「旗薛者，猶言番直宿衛也。宿衛者，天子之禁兵也。元制，宿衛諸軍在內，而鎮戍諸軍在外，內外相維，以制輕重之勢。」

旗薛軍被成吉思汗稱為「福神」，其核心要義在於堅守宿衛之本，以為中正，以為福佑。

〈孫子兵法・軍行〉：「昔之善戰者，先為不可勝，以待敵之可勝。不可勝在己，可勝在敵。」

〈孫子兵法・兵勢〉：「凡戰者，以正合，以奇勝。」

「紛紛紜紜，鬥亂而不可亂」，亂生於治，必己之治。

《三十六計》：「陰在陽之內，不在陽之對。」

寓正於奇，寓合於離，陰陽相濟，靜動相宜。

〈周易・繫辭上〉：「陰陽不測之謂神。」

過去之歷史，未來之科技，不測者甚眾。知者莫貴乎真也，聖人法天貴真，其言可聞，其心可見，是為天賜，是為福佑。

《Understanding Media》：「The medium is the message.」（圖13）

《蒙古源流》：「亂世之中竭力相伴，從未氣餒！」

訓章二、饑饑塵紛

【訓辭】

塵霧之中未嘗迷，紛亂之中未嘗離。

■ 文獻《蒙古秘史新譯並注釋》，札奇斯欽譯注，聯經出版事業股份有限公司，1979年版，第322頁。

■ 輯錄《成吉思汗箴言蒙漢合璧書法集》，江川，內蒙古文化出版社，1994年版，第96頁。

■ 輯譯「霧中未嘗迷焉，亂中未嘗離焉，濕則共濕之，寒則共寒之矣。」（圖11、12）

《金訓》
——成吉思汗箴言錄

〔醍醐文獻〕

> 28/ *Understanding Media*
>
> cubism substitutes all facets of an object simultaneously for the "point of view" or facet of perspective illusion. Instead of the specialized illusion of the third dimension on canvas, cubism sets up an interplay of planes and contradiction or dramatic conflict of patterns, lights, textures that "drives home the message" by involvement. This is held by many to be an exercise in painting, not in illusion.
>
> In other words, cubism, by giving the inside and outside, the top, bottom, back, and front and the rest, in two dimensions, drops the illusion of perspective in favor of instant sensory awareness of the whole. Cubism, by seizing on instant total awareness, suddenly announced that *the medium is the message.* Is it not evident that the moment that sequence yields to the simultaneous, one is in the world of the structure and of configuration? Is that not what has happened in physics as in painting, poetry, and in communication? Specialized segments of attention have shifted to total field, and we can now say, "The medium is the message" quite naturally. Before the electric speed and total field, it was not obvious that the medium is the message. The message, it seemed, was the "content," as people used to ask what a painting was *about*. Yet they never thought to ask what a melody was about, nor what a house or a dress was about. In such matters, people retained some sense of the whole pattern, of form and function as a unity. But in the electric age this integral idea of structure and configuration has become so prevalent that educational theory has taken up the matter. Instead of working with specialized "problems" in arithmetic, the structural approach now follows the linea of force in the field of number and has small children meditating about number theory and "sets."
>
> Cardinal Newman said of Napoleon, "He understood the grammar of gunpowder." Napoleon had paid some attention to other media as well, especially the semaphore telegraph that gave him a great advantage over his enemies. He is on record for saying that "Three hostile newspapers are more to be feared than a thousand bayonets."
>
> Alexis de Tocqueville was the first to master the grammar of print and typography. He was thus able to read off the message of coming change in France and America as if he were reading aloud from a text that had been handed to him. In fact, the nineteenth century in France and in America was just such an open book to de Tocqueville because he had learned the grammar of print. So he, also, knew when that grammar did not apply. He was asked why he did not write

▌ 圖13《Understanding Media》1964年版內文

〔訓辭文獻〕

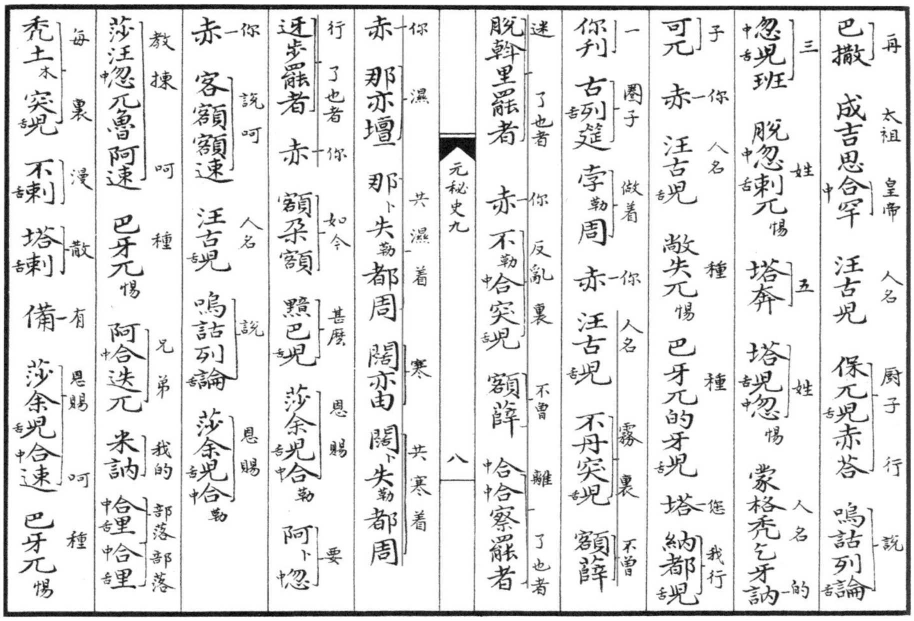

圖11 《元朝秘史》四部叢刊三編本內文 a

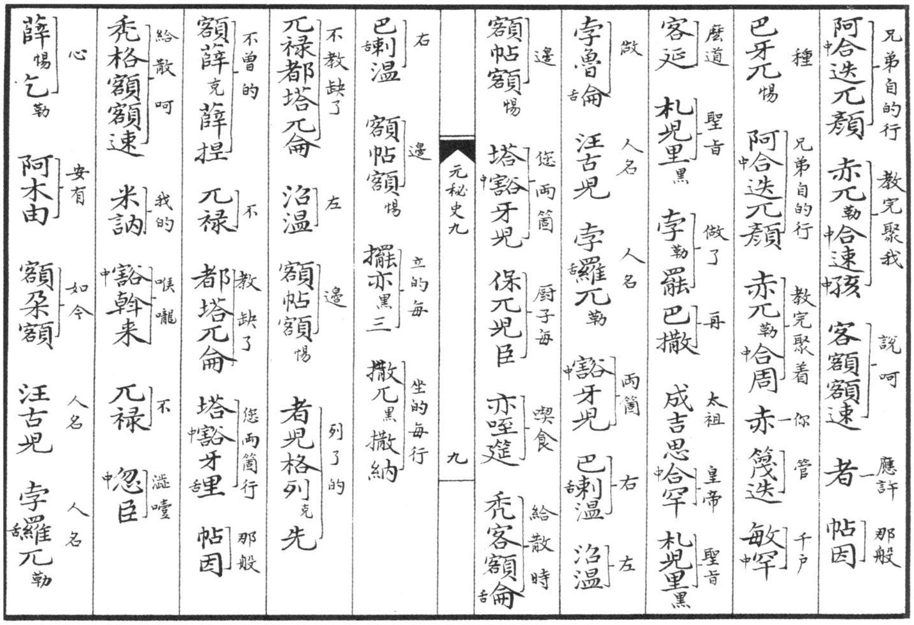

圖12 《元朝秘史》四部叢刊三編本內文 b

《金訓》
——成吉思汗箴言錄

【醍醐文典】

〔醍醐文獻〕

▌圖13：《Understanding Media: The Extensions of Man》1964年版28頁。

原文：「The medium is the message.」

〔原篇選錄〕

「一陰一陽之謂道，繼之者善也，成之者性也。仁者見之謂之仁，知者見之謂之知。百姓日用而不知，故君子之道鮮矣。顯諸仁，藏諸用，鼓萬物而不與聖人同憂，盛德大業至矣哉。富有之謂大業，日新之謂盛德。生生之謂易，成象之謂乾，效法之為坤，極數知來之謂占，通變之謂事，陰陽不測之謂神。」

〔典籍選介〕

《易經》，簡稱《易》，被譽為「上古三大奇書」之一，漢代時尊奉為「五經」之一。《易經》用一套特殊的符號形式系統描述事物的變化，深刻表現了古典文化的哲學和宇宙觀。

《易經》據說有三種：連山、歸藏和周易，合稱三易。《連山》和《歸藏》已經失傳，《周易》是唯一有傳至後世的文獻。相傳《周易》是依循周文王主編《易》的著述而來，成書大約在西周時期。

「伏羲畫八卦以明天道，文王作卦辭以序人事，周公作爻辭以卜吉凶，合之，易經乃成。後孔子作十翼以明萬理，曰《易傳》」。

研究易經的現代學者們認為，《易經》六爻具備概括事物的完備性，通過「檢驗指標取值而確定潛變數取值」的方法來獲得卦象，從而預測未來凶吉，解析系統發展規律和因果，可以將易經的應用擴展至現代研究的各個方面。

【訓辭文典】

〔訓辭文獻〕

■圖 11、12:《元朝秘史》四部叢刊三編本,第九卷第 8、9 頁。

原譯:「霧中未嘗迷焉,亂中未嘗離焉,濕則共濕之,寒則共寒之矣」。

〔原篇選錄〕

「成吉思汗對司膳汪古兒說:『蒙格圖奇源的兒子汪古兒,你在大霧裡不曾迷失,你在戰亂中不曾離去,潮濕你就共受潮濕,寒冷你就同受寒冷,如今你要什麼賞賜?』」

〔典籍選介〕

《蒙古源流》本名《諸汗源流寶史綱》,「蒙古源流」是清代漢譯本的簡略書名(簡略書名非成衮扎布家藏本原有,也不見於故宮精鈔本,當是製作殿本時所起)。

乾隆三十一年(1766 年)蒙古喀爾喀部親王成衮扎布將《蒙古源流》的抄本進獻乾隆帝,皇帝下旨譯成滿文,後又譯成漢文,定名為《欽定蒙古源流》,收入《四庫全書》。

《蒙古源流》記載了宇宙的形成、人類的起源、印藏王統以及蒙古諸汗源流,從蒙古祖先寫到成吉思汗、薛襌汗、達延汗直至庫圖克圖汗,是一部名副其實的蒙古族通史,也是蒙古人重要的史書之一,其中對十五至十七世紀蒙古社會歷史、諸汗世系的記載,是尤為珍貴的史料。

《蒙古源流》作者薩岡,達延汗後裔,是「庫圖克圖汗時代的親歷者和見證人」,是一位傑出的社會政治活動家、歷史學家、文學家和名副其實的哲學家,也是「蒙古學史上當之無愧的偉大代表人物之一」。

《金訓》
——成吉思汗箴言錄

▎〈Huts and Waggons〉The Book of Ser Marco Polo，1871

【青史奇譚】

〈成吉思汗傳位詔令〉

十三世紀初，在成吉思汗「征服了從東到西的海內雄長」，準備西征前，其愛妃也遂進諫道：「越高山，渡大河，長途遠征，你高山似的金身，如果傾倒，國家由誰來治理？請可汗給我們留下聖旨！」

成吉思汗認為也遂言之有理，遂經庫里台民主推舉，窩闊台被定為汗位繼承人。然而關於後續的汗位繼立原則，史書上卻說法不一。

《元朝秘史》中記載，窩闊台當時表示，如果他的子孫不成器，則不能繼承汗位，而讓其「去射罕答孩（俗稱四不象），去打田鼠」。汗父稱讚他，降旨道：「窩闊台的後代，如果出現裹著草牛也不吃，包著油狗也不吃的，難道我的其他子孫中連一個好的也不會有嗎？」

《多桑蒙古史》則記載：「諸王推戴窩闊台之時，曾發此忠於其後人之奇誓曰：『只須汝後人尚存一臠肉，投之草中而牛不食，置之脂內而狗不取，我等誓不以他系之王位於寶座之上』。」

基於這些記述，「史學家們」從「客觀」角度給出了截然不同的推論。一方認為多桑記述不合歷史事實，於情於理都難以解釋。儘管在汗位繼立原則上有言在先，但後人仍然作了食言之舉；而另一方則認為《秘史》所載的這段話是後人蓄意偽造，是為了達到重大的政治目的。

從這些推論，甚至其引發的種種謠言中，我們已無法確知當時的真實情況。如果沉溺於這些推測，不僅無助於釐清事實，反而容易陷入迷霧。人們常說「選擇大於努力」，「方向不對則努力白費」，也許此刻我們的選擇比過度揣摩更直接有效。選擇相信可汗是怎樣的人，就會得出怎樣的結論，相信他的寬仁遠慮，真相便一目了然。或許有時，我們並非為追尋一個所謂的「真相」，而是在選擇相信中汲取力量，在相信選擇中獲得堅強。

《金訓》
——成吉思汗箴言錄

訓章三、

解。御。身。智。

——抵長之盡，達深之底

《金訓》
——成吉思汗箴言錄

〔背景〕

1180年，新婚的鐵木真陷入危機，幸得不爾罕山庇護，又以聯合之策，與汪罕、札木合三部合兵大破蔑兒勤。經此一役，鐵木真聲名鵲起，其處事待人之道也開始廣為流傳，許多部眾在鐵木真離開札木合以後，紛紛追隨其另創基業，幾年後鐵木真被推舉為奇源部可汗，亦可謂是眾望所歸。

〔人物〕

札木合：札達蘭部首領，鐵木真結義安答，二人自幼結拜，情好甚篤。後因札木合部眾歸心鐵木真而產生矛盾，十三翼之戰後，札木合勢頭逐漸衰落，鐵木真退而得眾，軍力得以迅速壯大。

汪罕：克烈部首領，也速該結義安答，鐵木真義父。曾多次同鐵木真聯軍禦敵，因其子桑昆心忌鐵木真勢強，關係破裂，偽許婚約之戰後，鐵木真卑而逆襲，勢力再度壯大，最終統一蒙古。

〔醍醐〕

處事待人之道有「牛策」和「群策」之分，牛策對事，群策對人。

《內觀經》：「事無不知，謂之智。智周萬物，謂之慧。」（圖15、16）

牛策需要智商和才能，群策需要情商和品德。

「處事」有其竅門和捷徑，「待人」則沒有，是為道。

「衣人以己衣，乘人以己馬」，寬以居之，仁以行之，是為道。

「身有頭，衣有領」，群團發展之路，引領重於管理，御己而後御群，是為道。

山河易改，稟性難移，與其改變他人之想法，莫若通過標準和機制發掘培育人才，求同存異，寓同於異，道合則無虞。

「與其執其身，不如收其心。心若收定，身將何往？」

道之所在，心之所安；心之所安，眾之所歸。

訓章三、解御身智

解牛之策在於竅，御群之策在於道。

【訓辭】

■ 文獻《蒙古黃金史》，羅桑丹津著，蒙古學出版社，1993年版，第193頁。

■ 輯錄《成吉思汗箴言選輯》，尹曉東，內蒙古人民出版社，2015年版，第17頁。

■ 輯譯一「如能抑制住憤言怒語，不信口雌黃，勝過打死一隻雄獅。如不能抑制怒氣，憤怒又能制服誰呢？」（圖14）

■ 輯譯二「世政宛如牛骨架，治政之理如用刀具，改變世界憑藉威信和聰慧，而不是蠻力。如同肢解牛骨一般，不費力而行之。」

047

〔醍醐文獻〕

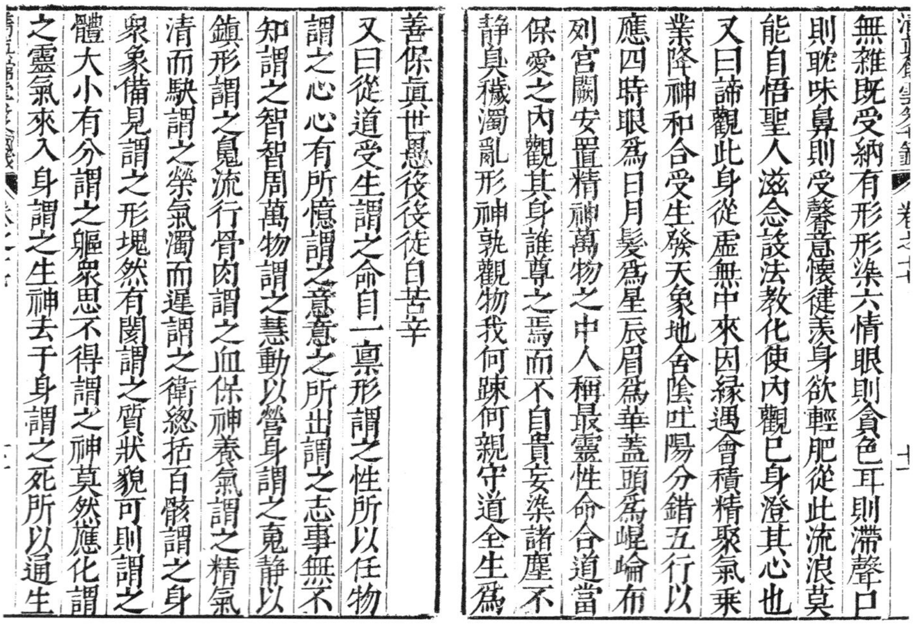
無雜既受納有形形染六情眼則貪色耳則滯聲口則耽味鼻則受馨意懷健羨身欲輕肥從此流浪莫能自悟聖人慈念設法教化使內觀己身澄其心也
又曰諦觀此身從虛無中來因緣運會積精聚氣乘業降神和合受生法天象地含陰吐陽分錯五行以應四時眼爲日月髮爲星辰眉爲華蓋頭爲崑崙布列宮闕安置精神萬物之中人稱最靈性命合道當保愛之內觀其身誰尊之焉而不自貴妄染諸塵不淨臭穢濁亂形神孰觀物我何疎何親守道全生爲善保眞世愚役役徒自苦辛
又曰從道受生謂之命自一稟形謂之性所以任物謂之心心有所憶謂之意意之所出謂之志事無不知謂之智智周萬物謂之慧動以營身謂之魂靜以鎮形謂之魄流行骨肉謂之血保神養氣謂之精氣清而駛謂之榮氣濁而遲謂之衛總括百骸謂之身衆象備見謂之形塊然有閡謂之質狀貌可則謂之體大小有分謂之軀衆思不得謂之神莫然應化謂之靈氣來入身謂之生神去于身謂之死所以通生

■ 圖 15《內觀經》明張萱清真館訂刊本內文 a

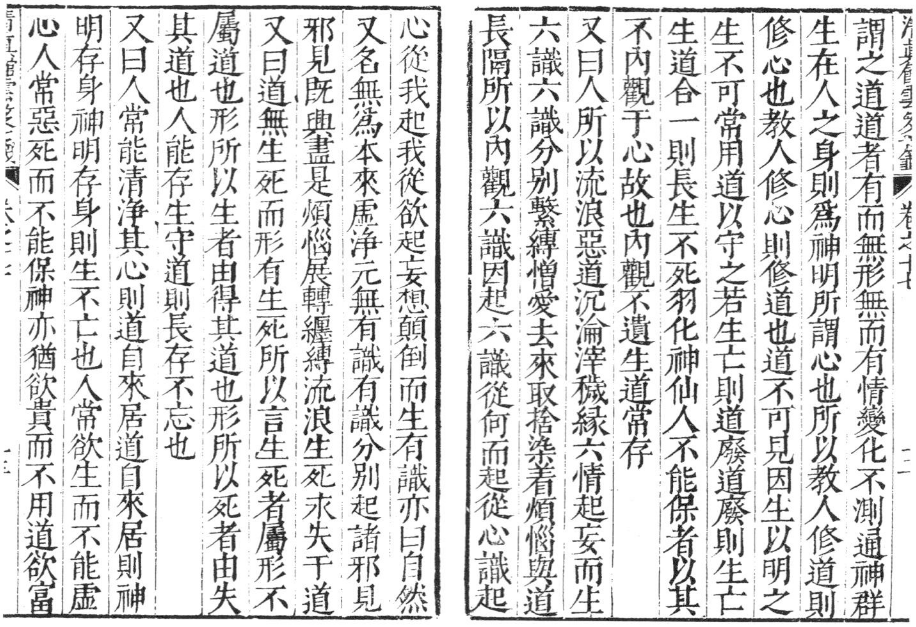
謂之道道者有而無形無而有情變化不測通神群生在人之身則爲神明所謂心也所以教人修道則修心也教人修心則修道也道不可見因生以明之生不可常用道以守之若生亡則道廢道廢則生亡生道合一則長生不死羽化神仙人不能保者以其不內觀于心故也內觀不遺生道常存
又曰人所以流浪惡道沉淪滓穢緣六情起妄而生六識六識分別繫縛憎愛去來取捨染着煩惱與道長隔所以內觀六識因起六識從何而起從心識起心從我起我從欲起妄想顛倒而生有識亦曰自然又名無爲本來虛淨元無有識有識分別起諸邪見邪見既興盡是煩惱展轉纏縛流浪生死永失于道
又曰道無生死而形有生死所以言生死者屬形不屬道也形所以生者由得其道也形所以死者由失其道也人能存生守道則長存不忘也
又曰人常能清淨其心則道自來居道自來居則神明存身神明存身則生不亡也人常欲生而不能虛心人常惡死而不能保神亦猶欲貴而不用道欲富

■ 圖 16《內觀經》明張萱清真館訂刊本內文 b

訓章三、解御身智

〔訓辭文獻〕

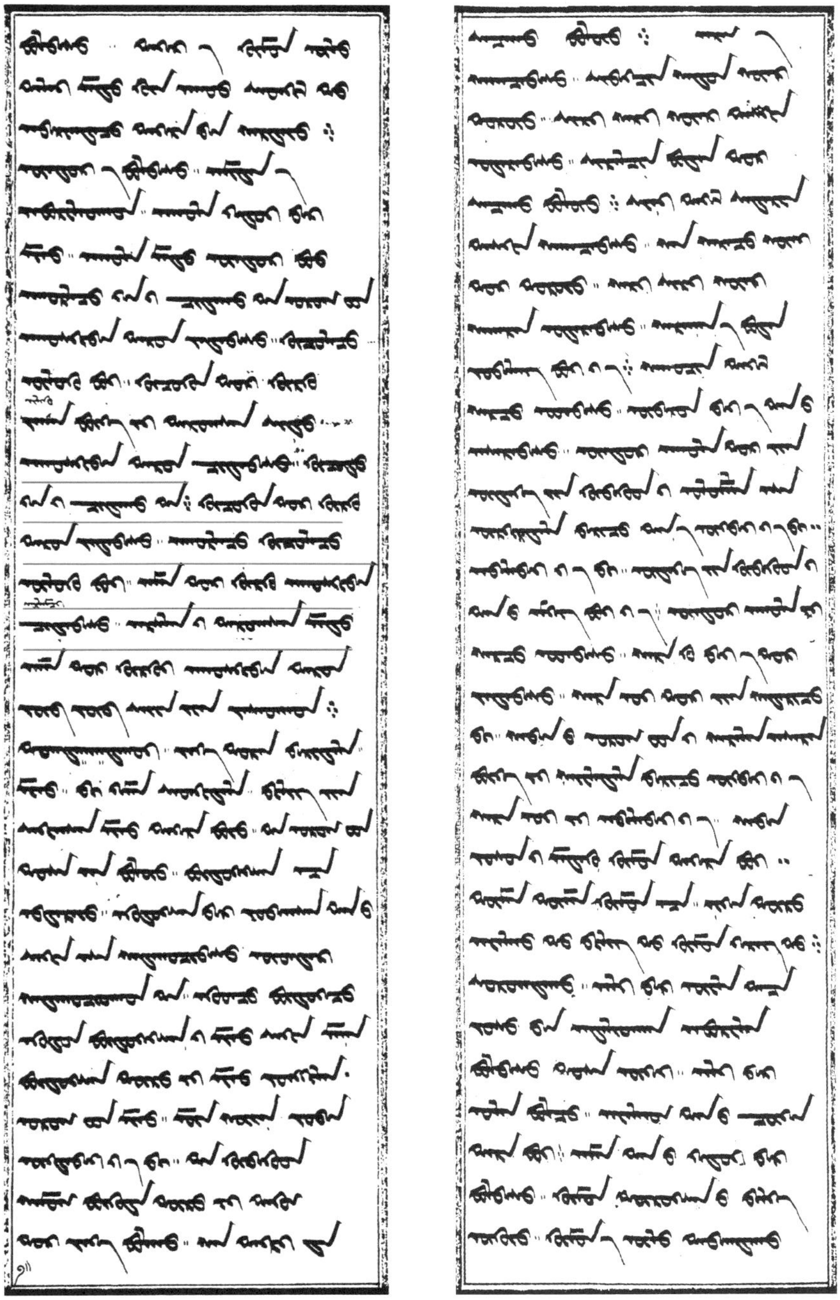

圖14《蒙古黃金史》烏蘭巴托影印本內文

《金訓》
——成吉思汗箴言錄

【醍醐文典】

〔醍醐文獻〕

▍圖 15、16：《雲笈七籤》明張萱清真館訂刊本，卷十七《太上老君內觀經》。

原文：「事無不知，謂之智。智周萬物，謂之慧」。

〔原篇選錄〕

「從道受分，謂之命；自一稟形，謂之性。所以任物，謂之心。心有所憶，謂之意。意之所出，謂之志。事無不知，謂之智。智周萬物，謂之慧。」

〔典籍選介〕

《太上老君內觀經》，約出於隋唐之際，論述人之身心與道體的關係，主張「內觀己身，澄其心也」，收入《雲笈七籤》。

《雲笈七籤》，道教類書，全書一百二十二卷。北宋宋真宗天禧年間（1017－1021 年）張君房編。內容主要有道教的教理教義、本始源流、經法傳授、秘要訣法、諸家氣法、金丹、方藥等，有「小道藏」之稱，後被收於《正統道藏》太玄部。

《道藏》是一部彙集大量道教經典及相關書籍的大叢書，它按照一定的編纂意圖、收集範圍和組織結構，將許多道教經典（包括周秦以下道家子書）編排起來，當代習慣以《道藏》為明英宗正統十年出版的《正統道藏》和明神宗萬曆十五年出版的《萬曆續道藏》的合印本的簡稱。

《道藏》所收典籍廣泛，既有道教經典論著、科儀方術、仙傳道史，也有醫藥養生、天文史地、諸子百家書籍，還有不少有關中國古代科學技術的著作，是研究道教歷史的經典依據，也是研究中國傳統文化的珍貴資料。

【訓辭文典】

〔訓辭文獻〕

■圖14：《蒙古黃金史》烏蘭巴托影印本，91a、91b。

原譯：「如能抑制住憤言怒語，不信口雌黃，勝過打死一隻雄獅。如不能抑制怒氣，憤怒又能制服誰呢？」。

〔原篇選錄〕

「我的親人們啊，切忌妄自尊大，要修身明智。與其空談，莫如好自治理各方！你們如能抑制住憤言怒語，不信口雌黃，勝過打死一隻雄獅。如不能抑制怒氣，憤怒又能制服誰呢？」

〔典籍選介〕

《蒙古黃金史》，是一部蒙古編年史著作，也是一部古典文學著作。作者是十七世紀的歷史學家、文學家喇嘛羅桑丹津。書籍的原名是《概述古代諸汗所建立政道之著作黃金史》，簡稱《蒙古黃金史》。一些學者為了與同名的其它編年史相區別，而稱其為《羅黃金史》或《大黃金史》。

《蒙古黃金史》和《元朝秘史》是「拖卜察安」的兩個主要流傳方向，由於《蒙古黃金史》的非凡價值，使得作者羅桑丹津名聲大噪，並贏得了各國學者的廣泛讚譽。

《蒙古黃金史》詳盡記述了蒙古發展的歷史進程，以十四至十七世紀的蒙古歷史史實作為該書的記述重點，呈現了自成吉思汗時期至庫圖克圖汗時期（十三至十七世紀）蒙古及其周邊國家和地區的歷史全景。

該書以蒙古古代史實、傳說、故事、詩文等為緯，以佛教思想為經而編述。文體簡潔明瞭而意義深遠，語風多貌且充滿古韻，是東方乃至世界歷史文化的瑰寶。

《金訓》
——成吉思汗箴言錄

〈高原古道〉寶麗格，2024

【青史奇譚】

〈遠在土耳其的忽必烈聖旨〉

土耳其伊斯坦布爾大學圖書館存有一部叫做《奇珍集》的書，內容包含十五世紀書法家和金匠所創作的文章、書法、奇聞軼事和珍貴作品。書內有一件八思巴字和回鶻蒙古文合璧的忽必烈聖旨手抄本，其內容記載了元世祖忽必烈皇帝的一份聖旨。

聖旨內容翻譯如下：「忽必烈皇帝聖旨，『你們，我的子孫們！將來如收集兀魯思與百姓、與其執其身，不如收其心，其心若收定，身還會往哪裡去！』我 Pir Mahmad 是也。」

Pir Mahmad 為聖旨手抄本作者，是一位生活在十五世紀的重要人物，他是中亞帖木爾帝國曾經的儲君，是帖木爾之孫。在擔任王儲期間，為了更好地傳承祖先遺訓和治理國家，他特別將元世祖忽必烈皇帝的聖旨內容抄寫下來，作為其治國理政的重要訓言銘刻於心。

Pir Mahmad 的祖父帖木爾是成吉思汗後裔女婿，人稱「古烈幹（駙馬）」，是帖木爾帝國的奠基人。他的兒孫曾統治中亞，使帝國成為伊斯蘭文化的中心。曾孫巴布爾則南入印度，建立了莫臥爾帝國，此帝國全盛時期幾乎囊括了整個印度次大陸。

饒有趣味的是，這份忽必烈聖旨的內容文獻可在《蒙古黃金史》中找到其原始記載。

根據羅桑丹津記述，這段內容源自成吉思汗箴言：「成吉思汗出征班師回來，在宿營時，教導諸子頒旨道，『而後你們要越過高山，跨過大河，長驅直入，任憑皮鐙伸長，鐵鐙磨破！若要收集眾百姓，與其執其身，不如收其心。若收其心，其身還會哪裡去！』如此說了。」

《金訓》
——成吉思汗箴言錄

〔背景〕

　　成吉思汗對速不台等千戶諾顏進行訓諭，叮囑他們要以行踐言，慎終如始。

　　千戶制（一名成年男子的家庭為一戶），是古代蒙古兵民合一的基本組織形式。千戶之下為百戶，百戶之下為十戶，這樣就形成了一個層層隸屬、統治嚴密、指揮靈便的軍政組織體系。

　　千戶制下，各部區殘存的氏族制度被瓦解，部區之間的界限被打破，隔閡被消除，全體部落歸於國家統治之下。

〔人物〕

　　千戶諾顏：建國初期，成吉思汗將蒙古部眾整編為九十五個千戶，並任命八十八位開國功臣為千戶諾顏（千戶長）。

〔醍醐〕

　　《涅槃經》：「醍醐之教，喻於佛性，從乳出酪，從酪出酥，從生酥出熟酥，熟酥出醍醐。醍醐，酥之精也。」（圖19、20）

　　所謂「兢兢業業，如霆如雷」，「精益求精，密益加密」，務求精深，勿貪泛博，慎始敬終，終以不困。

　　《Outliers》：「人們眼中的天才之所以卓越非凡，並非天資超人，而是付出了超常努力。一萬小時的錘煉是任何人從平凡到超凡的必要條件。」

　　嘴裡有牙，言而有力；心裡有底，行而有力。

　　《道德經》：「人之道，損不足以奉有餘。」

　　〈新約聖經・馬太福音〉：「凡有的，還要加給他，叫他有餘；凡沒有的，連他所有的也要奪去。」

　　《Zero to One》：「We don't live in a normal world, We live under a power law.（冪律）」

訓章三、解御身智

【訓辭】

身勇技長及其梢，智勇計深究其奧。

- 文獻《元史》，宋濂，中華書局（北京），1976年版，第2888頁。
- 輯錄《成吉思汗箴言解析》，那順德力格爾，內蒙古教育出版社，2012年版，第130頁。
- 輯譯一「長者梢，深者底。蓋言貴有終始，長必及其梢，深必究其底，不可中輟也。」（圖17、18）
- 輯譯二「身力有限，智慧無窮；抵長之盡，達深之底。」

《金訓》
——成吉思汗箴言錄

〔醍醐文獻〕

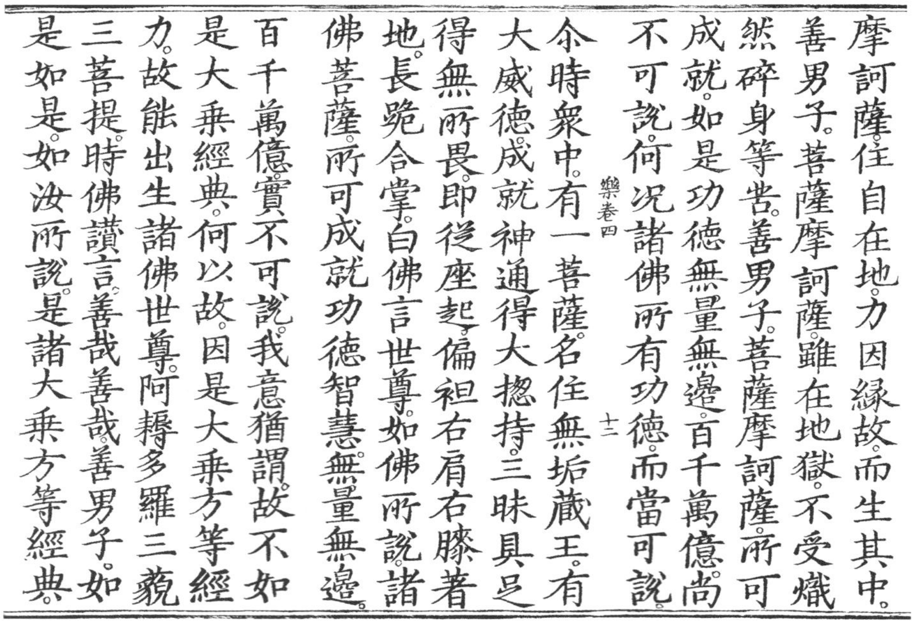

摩訶薩住自在地力。因緣故而生其中。善男子。菩薩摩訶薩摩訶薩雖在地獄不受熾然碎身等苦。善男子。菩薩摩訶薩所可成就。如是功德無量無邊。百千萬億尚不可說。何況諸佛所有功德而當可說。

爾時眾中有一菩薩名住無垢藏王。有大威德成就神通得大摠持三昧具足。得無所畏。即從座起偏袒右肩右膝著地。長跪合掌白佛言。世尊如佛所說諸佛菩薩所可成就功德智慧無量無邊。

百千萬億實不可說。我意猶謂故不如是大乘經典。何以故。因是大乘方等經力。故能出生諸佛世尊。阿耨多羅三藐三菩提。時佛讚言善哉善哉善男子。如是如汝所說。是諸大乘方等經典。

图 19《涅槃經》明端嬪周氏捐刻本內文 a

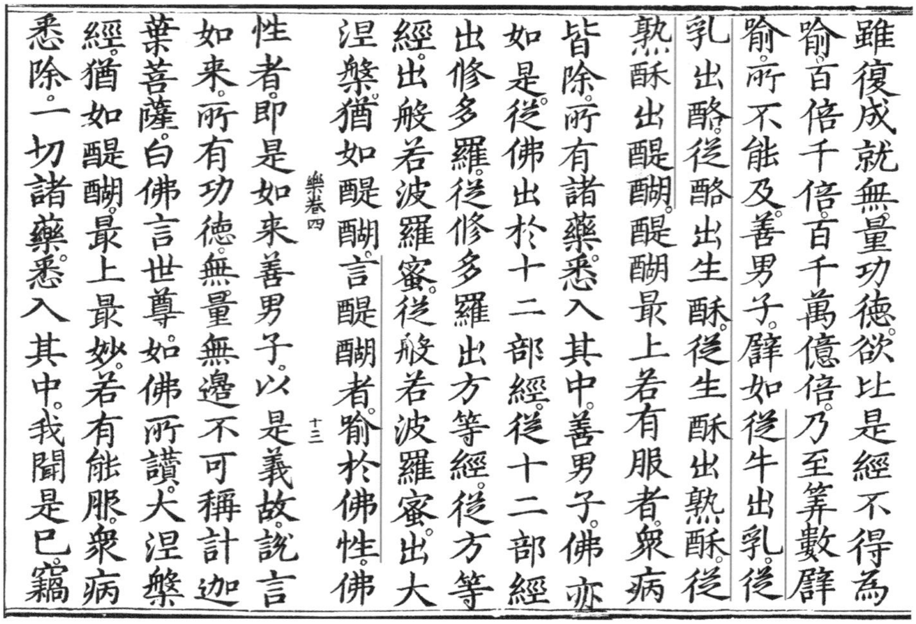

雖復成就無量功德欲比是經不得為喻。百倍千倍百千萬億倍乃至算數譬喻所不能及。善男子。譬如從牛出乳從乳出酪從酪出生酥從生酥出熟酥出熟酥出醍醐醍醐最上若有服者眾病皆除所有諸藥悉入其中。善男子佛亦如是從佛出十二部經從十二部經出修多羅從修多羅出方等經從方等經出般若波羅蜜從般若波羅蜜出大涅槃猶如醍醐。言醍醐者喻於佛性。佛性者即是如來。善男子以是義故說言如來所有功德無量無邊不可稱計迦葉菩薩白佛言。世尊如佛所讚大涅槃經猶如醍醐。最上最妙若有能服眾病悉除。一切諸藥悉入其中。我聞是已竊

图 20《涅槃經》明端嬪周氏捐刻本內文 b

〔訓辭文獻〕

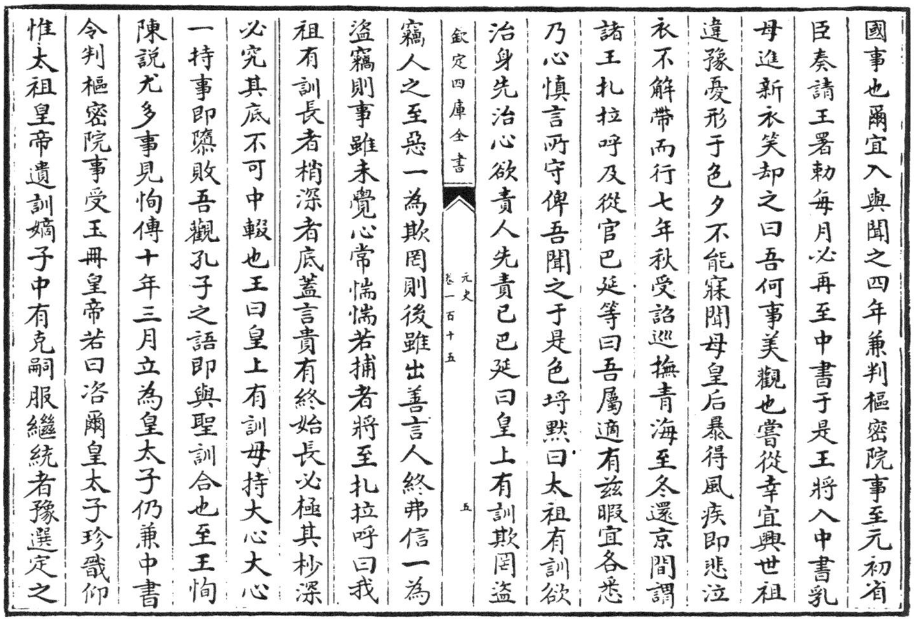

國事也爾宜入與聞之四年兼判樞密院事至元初省
臣奏請王署勅每月必再至中書于是王將入中書乳
母進新衣笑却之曰吾何事美觀也嘗從幸宜興世祖
違豫憂形于色夕不能寐聞母皇后暴得風疾即悲泣
衣不解帶而行七年秋受詔廵撫青海至冬還京聞諤
諸王札拉呼及從官巴延等曰吾屬適有茲暇宜各悉
乃心慎言所守俾吾聞之于是色埒黙曰太祖有訓欲
治身先治心欲責人先責已巴延曰皇上有訓欺罔盜
欽定四庫全書　元史　卷一百十五　五
竊人之至惡一為欺罔則後雖出善言人終弗信一為
盜竊則事雖未覺心常惴惴若捕者將至札拉呼曰我
祖有訓長者梢深者底蓋言責有終始長必極其杪深
必究其底不可中輟也王曰皇上有訓毋持大心大心
一持事即隳敗吾觀孔子之語即與聖訓合也至王恂
陳說尤多事見恂傳十年三月立為皇太子仍兼中書
令判樞密院事受玉冊皇帝若曰咨爾皇太子珍戩仰
惟太祖皇帝遺訓嫡子中有克嗣服繼統者豫選定之

圖 17《元史》四庫全書本內文 a

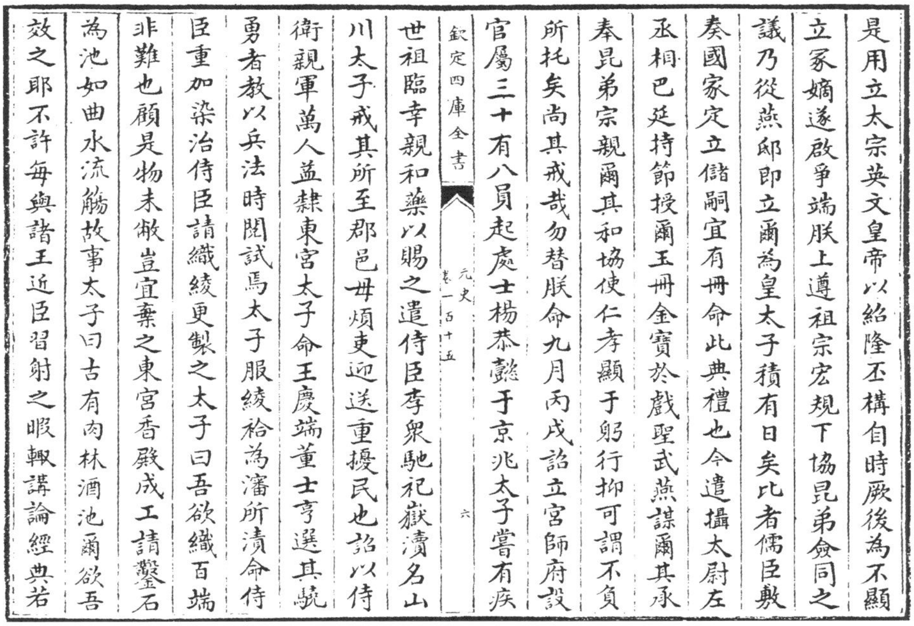

是用立太宗英文皇帝以紹隆丕構自時厥後為不顯
立冢嫡遂啟爭端朕上遵祖宗宏規下協昆弟僉同之
議乃從燕邸即立爾為皇太子積有日矣比者儒臣敷
奏國家定立儲嗣宜有冊命此典禮也今遣攝太尉左
丞相巴延持節授爾玉冊金寶於戲聖武燕謀爾其承
奉昆弟宗親爾其和協使仁孝顯于躬行抑可謂不負
所託矣尚其戒哉勿替朕命九月丙戌詔立宮師府設
官屬三十有八員起處士楊恭懿于京兆太子嘗有疾
欽定四庫全書　元史　卷一百十五　六
世祖臨幸親和藥以賜之遣侍臣李衆馳祀嶽瀆名山
川太子戒其所至郡邑毋煩吏迎送重擾民也詔以侍
衛親軍萬人益隸東宮太子命王慶端董士亨選其驍
勇者教以兵法時閱試焉太子服綾袷為瀋所漬命侍
臣重加染治侍臣請織綾更製之太子曰吾欲織百端
非難也顧是物未敝豈宜棄之東宮香殿成工請鑿石
為池如曲水流觴故事太子曰古有肉林酒池爾欲吾
效之耶不許每與諸王近臣習射之暇輒講論經典若

圖 18《元史》四庫全書本內文 b

《金訓》
——成吉思汗箴言錄

【醍醐文典】

〔醍醐文獻〕

■圖 19、20：《大般涅槃經》明端嬪周氏捐刻本。

原文：「醍醐之教，喻於佛性，從乳出酪，從酪出酥，從生酥出熟酥，熟酥出醍醐。醍醐，酥之精也」。

〔原篇選錄〕

「善男子，譬如從牛出乳，從乳出酪，從酪出生酥，從生酥出熟酥，從熟酥出醍醐，醍醐最上若有服者，眾病皆除，所有諸藥，悉入其中。善男子，佛亦如是，從佛出於十二部經，從十二部經出修多羅，從修多羅出方等經，從方等經出般若波羅蜜，從般若波羅蜜出大涅槃，猶如醍醐，言醍醐者喻於佛性。佛性者，即是如來。」

〔典籍選介〕

大乘佛教的《大般涅槃經》，是大乘五大部（般若部、寶積部、大集部、華嚴部、涅槃部）涅槃部之首。先有東晉沙門法顯出六卷《大般泥洹經》，後有天竺三藏曇無讖於北涼出《大般涅槃經》四十卷（稱北本涅槃經）。另有南朝宋沙門慧嚴等人依法顯本和北本會集成三十六卷（稱南本涅槃經）。

全經分壽命、金剛身、名字功德、如來性、一切大眾所問、現病、聖行、梵行、嬰兒行、光明遍照高貴德王菩薩、獅子吼菩薩、迦葉菩薩、憍陳如等十三品，主要闡述佛身常住不滅，涅槃常樂我淨，一切眾生悉有佛性，一闡提和聲聞、辟支佛均得成佛等大乘佛教思想。大乘「般若」明無我，講「真空」；大乘「涅槃」示真我，講「妙有」。《大般涅槃經》是闡釋大乘「妙有」思想最具代表性的一部經典。

【訓辭文典】

〔訓辭文獻〕

■圖17、18：《元史》四庫全書本，第一百一十五卷第5、6頁。

原文：「長者梢，深者底。蓋言貴有終始，長必及其梢，深必究其底，不可中輟也」。

〔原篇選錄〕

「札剌忽曰：『我祖有訓：長者梢，深者底。蓋言貴有終始，長必及其梢，深必究其底，不可中輟也。』王（真金）曰：『皇上有訓：毋持大心。大心一持，事即墮敗。吾觀孔子之語，即與聖訓合也。』」

〔典籍選介〕

《元史》，為「二十四史（歷代正史）」之一，於明洪武二年（1369年）起修，至次年粗成，成書僅用三百三十一天。

《元史》以《實錄》和《皇朝經世大典》為基礎，廣采文集碑傳，由宋濂等主持編修而成。

《元史》的〈本紀〉和〈志〉占全書一半，而《本紀》占全書近四分之一。《本紀》以記載元世祖忽必烈生平事蹟的《世祖本紀》最為詳盡，約占〈本紀〉百分之三十；〈志〉對當時的典章制度做了詳細記述，保存了大批原始材料。

歷代修史皆有論贊之辭，唯《元史》不作論贊。學者大多認為明廷的編纂工作過於草率，錯誤百出，如速不台與雪不臺本是一人，完者都與完者拔都是一人，石抹也先與石抹阿辛也是一人等等。明修《元史》文體簡潔，並非陋劣，其內容多照抄史料，保存了大量珍貴素材，作為瞭解和研究當時歷史之書籍具有很高價值，是不可或缺的經典文獻。

《金訓》
——成吉思汗箴言錄

〈蒙古的一天〉(局部) B. Sharav，20世紀初

【青史奇譚】

〈也松格光明碑〉

1818年俄羅斯的一支考古隊，在今俄羅斯烏兒墨兒河附近，發現一通回鶻蒙古文石碑。此碑無題識，不著年月。從內容推斷，當建於元太祖成吉思汗紀元二十年（1225年）。

因此碑以「成吉思汗」名稱起首，學術界也稱之為「成吉思汗石」。此碑是為了紀念成吉思汗之侄也松格超人的騎射技能而遵照成吉思汗聖旨刻制的。碑文共五行，譯意如下：

「成吉思汗收集了薩爾塔兀勒（花剌子模）的百姓，大蒙古國全體諾顏歡宴於不哈速赤忽之際，也松格・洪古圖爾射箭，矢逾三百三十五庹遠。」

從此，也松格・洪古圖爾的名字傳遍四海，成為了無數人心中的傳奇。之後，1225年秋，成吉思汗回到土兀勒河畔，下榻於宮帳之中。關於這件事，《元朝秘史》曾記述如下：

「成吉思汗征伐薩爾塔兀勒七年，成吉思汗從那裡回兵歸途中，在額兒的失河上過夏。雞兒年（1225年）的秋天，回到土兀勒河的黑林地方，立起大帳住下了。」

也松格是哈薩爾次子，哈薩爾素以「驍勇善射，矢無虛發」而著稱。《元史》記載：「成吉思皇帝嘗曰，有別勒古台之力，哈薩爾之射，此朕之所以取天下也。」《水晶鑒》上說：「尤其哈薩爾面紅，英雄風範，身高八尺，鬍鬚甚長。善使長槍，機敏過人，射箭至聖，百發百中。」

哈薩爾的玄孫巴布沙，曾因忠勇有謀被封為齊王。其後代子孫世襲爵位，是為科爾沁等部的祖先。其後裔女婿黃台吉，於1636年在盛京稱帝，定國號為大清，史稱清太宗。

《金訓》
——成吉思汗箴言錄

訓章四、

賢賢臨臨

——臨民之道如乳牛

《金訓》
——成吉思汗箴言錄

〔背景〕

成吉思汗訓諭諸弟和諸子，強調「尚賢使能」是立國興邦的根本。

孔子有言：「先有司，赦小過，舉賢才」，能否舉賢任能，是關係到國家前途和命運的大事。

〔人物〕

四斡爾朵：布爾德、忽蘭、也遂、金國公主。

四駿：博爾朮、木華黎、博爾忽、赤老溫。

十功臣：博爾朮、木華黎、博爾忽、赤老溫、忽必來、者勒蔑、哲別、速不台、朮赤台、畏答兒。

〔醍醐〕

〈元史·後妃〉：「太祖光獻翼聖皇后，宅收淵靜，稟德柔嘉，當聖神創業之初，有夙夜求賢之助。」

〈元史·博爾朮〉：「太祖嘗從容謂博爾朮及木華黎曰，『今國內平定，多汝等之力，我之與汝猶車之有轅，身之有臂，汝等宜體此勿替。』」

〈孫子兵法·謀攻〉：「將者，國之輔也，輔周，則國必強，輔隙，則國必弱。」

〈馬致遠·漢宮秋〉：「千軍易得，一將難求。」

「一旦得到賢士和能人，就要委以重任，讓他們緊隨，不遠去，要讓他們誠心誠意地獻計出力。」

「知己之弊病，問他人而知之；治國之失誤，向賢者而學之。」

〈論衡·治期篇〉：「賢君之治國也，猶慈父之治家。」（圖22、23）

家興國昌首在命時，命時之證首在賢才。所謂輔車相依、命運相連，小氣候唯物，大氣候唯心，心極則為物，物極則為心，心物不二則天人合一。

訓章四、賢賢臨臨

【訓辭】

賢惠持家家之珍，賢能治國國之寶。

- 文獻《史集》，拉施特著，商務印書館（北京），1983年版，第一卷第二分冊，第355頁。
- 輯錄《成吉思汗箴言解析》，那順德力格爾，內蒙古教育出版社，2012年版，第57頁。
- 輯譯一「能治家者即能治國；能率領十人作戰者，即可委付以千人、萬人，他能率領千人、萬人作戰。」（圖21）
- 輯譯二「賢臣乃國之寶，良母乃家之柱。」

《金训》
——成吉思汗箴言录

〔醍醐文献〕

殆异于尔雅之所谓甘露欲验尔雅之甘露以万物
丰孰灾害不生此则甘露降下之验也甘露下是则
醴泉矣

治期篇

世谓古人君贤则道德施行施行则功成治安人君
不肖则道德顿废顿废则功败治乱古今论者莫谓
不然何则见尧舜贤圣致太平桀纣无道致乱得诛
如实论之命期自然非德化也吏百石以上若升食
以下居位治民为政教教行与止民治与乱皆有
命焉或才高行絜居位职废或智浅操洿治民而立
谓是考命而长禄非实才而厚能也论者因考功之
上古之黯陟幽明考功据有功而加赏案无功而施
法据效而定贤则谓民治国安者贤君之所致功之
国危者无道之所为也故危乱之变至论者以责人
君归罪于为政不得其道人君受以自责愁神苦思
撼动形体而危乱之变终不减除空愤人君之心使
明知之主虚受之责世论传称使之然也夫贤君能
治当安之民不能化当乱之世民能行其针药使
方术验者遇未死之人得命穷病困之不可治犹夫
则虽扁鹊未如之何夫命穷病困之不可治犹夫乱

【论衡七 十三 通津草堂】

图22《论衡》明苏献可通津草堂刊本内文a

民之不可安也药气之愈言病犹教导之安民也皆有
命时不可令勉力也公伯寮愬子路于季孙子服景
伯以告孔子孔子曰道之将行也与命也道之将废
也与命也由此言之教之行废国之安危皆在命时
非人力也夫世乱民逆国之危殆灾害繁于上天贤
君之德不能消邻国之祸诗道周宣王遭大旱矣诗曰
黎民靡有孑遗言无一人不被害者宣王贤者也遭大
旱水旱灾害之甚者也而二圣逢汤尧之堂二圣政之所
致哉天地历数当然也以尧汤之水旱准百王之灾
害非德所致非德所致则其福祐非德所为也贤君
之治国也犹父之治家慈父耐平教明令安使子
孙昌必有废兴昌非德所能成然则衰废
也昌皆为孝善子孙孝善是家兴也百姓平安是国昌
非德所能败也此善恶之实未
言诸乐之效也家安人乐富饶财用足也案富饶居
命厚所致国安治化行者历数吉也故世治非贤
禄厚而不知国安治化行之致国当衰乱贤圣不能盛时
圣之功衰乱非无道之致国当衰乱贤圣不能盛时
当治恶人不能乱世之治乱在时不在政国之安危

【论衡七 十四 通津草堂】

图23《论衡》明苏献可通津草堂刊本内文b

訓章四、賢賢臨臨

〔訓辭文獻〕

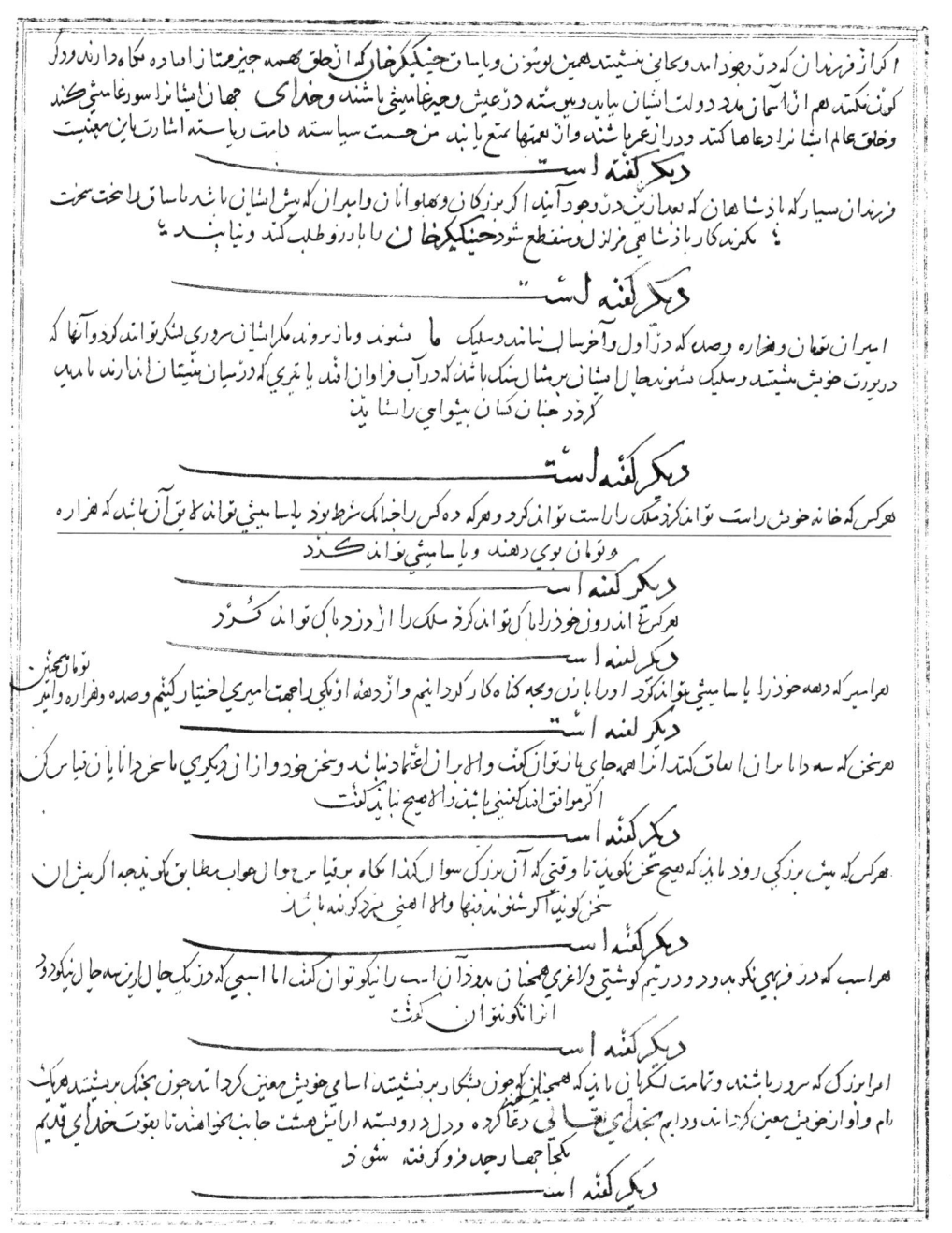

圖21 《史集》十五世紀抄本內文

《金訓》
——成吉思汗箴言錄

【醍醐文典】

〔醍醐文獻〕

■ 圖22、23：《論衡》明蘇獻可通津草堂刊本，第十七卷第13、14頁。

原文：「賢君之治國也，猶慈父之治家」。

〔原篇選錄〕

「賢君之治國也，猶慈父之治家。慈父耐平教明令，（不）耐使子孫皆為孝善。子孫孝善，是家興也；百姓平安，是國昌也。昌必有衰，興必有廢。興昌非德所能成，然則衰廢非德所能敗也。昌衰興廢，皆天時也。此善惡之實，未言苦樂之效也。」

〔典籍選介〕

《論衡》是東漢時期思想家王充的重要著作。該書主要闡述了作者無神論的思想觀點，對當時社會上讖緯盛行，社會上層和民間流行的各種神秘主義進行了批判。「衡」字本義是天平，《論衡》的目的是「冀悟迷惑之心，使知虛實之分」。

王充說：「詩三百，一言以蔽之，曰：思無邪。《衡》篇以十數，亦一言也，曰：疾虛妄。」

王充在書中批判了當時流行的天人感應，並認為「天」並非是神，「天道，自然也」，「天地合氣，萬物自生」。

因《論衡》被認為是「訕訾孔子」，故遭到當時以及後來很多統治者的冷遇和禁錮，甚至將它視作「異書」。儘管如此，它仍在一些思想開放的人士中間被視為「奇書」，並廣泛流傳。

《論衡》建立了完整的無神論思想體系，同時還討論了宇宙運作、傳染病起源、農業蟲害起源等科學問題，是一部不朽的無神論著作。

【訓辭文典】

〔訓辭文獻〕

■圖21：《史集》十五世紀抄本，「成吉思汗紀：他的足資垂訓的言論」。

原譯：「能治家者即能治國；能率領十人作戰者，即可委付以千人、萬人，他能率領千人、萬人作戰」。

〔原篇選錄〕

「子路問於孔子曰：『賢君治國，所先者何？』孔子曰：『在於尊賢而賤不肖。』子路曰：『由聞晉中行氏尊賢而賤不肖矣，其亡何也？』孔子曰：『中行氏尊賢而不能用，賤不肖而不能去。賢者知其不用而怨之，不肖者知其必己賤而讎之。怨讎竝存於國，鄰敵構兵於郊，中行氏雖欲無亡，豈可得乎？』」

〔典籍選介〕

《孔子家語》又名《孔氏家語》，或簡稱《家語》，是古代記述孔子思想和生平的著作，今傳本《孔子家語》共十卷四十四篇，魏王肅注，書後附有王肅序和〈後序〉。自宋代以來，《家語》被疑為是王肅的偽作，從而埋沒了《家語》在孔子及其弟子研究中的價值。隨著近代簡帛文獻的出土證明，確信為先秦舊籍，《孔子家語》的文獻價值越來越為學術界所重視。

《孔子家語》詳錄孔子與弟子間的問答與言行，對研究儒家學派特別是孔子本人的哲學、政治、倫理及教育思想具有重要理論價值。同時，書中保存了大量古籍記載，為上古遺文的考證和先秦典籍的校勘提供了寶貴文獻。此外，書中記載了許多孔子的逸聞趣事，亦具較高文學價值。整體而言，《孔子家語》的價值並不亞於《論語》。

《金訓》
——成吉思汗箴言錄

■〈耶律楚材〉蔣兆和，1940

【青史奇譚】

〈耶律楚材減稅〉

　　當初蒙古進兵中原，攻城掠地，所收集人戶分由諸功臣管理。因此一社之民各有所主，不相統攝。時百官商議，欲以丁為戶，收納稅賦。耶律楚材以為不可，說道：「此事不妥，取稅過重，恐生禍亂。」諸王說道：「我之天朝及西域諸國，莫不以丁為戶，豈可捨天朝之法，而從亡國之政？」耶律楚材說道：「自古以來，凡據中原者未嘗以丁為戶。若果行之，可輸一年之賦隨即逃散。」太宗皇帝窩闊台聽罷其言，點首稱是。

　　當時胡達爾嘎巴特爾所籍民戶，共有一百零四萬餘戶，遂呈表章，奏於朝廷。太宗皇帝窩闊台議以真定民戶奉太后湯沐，其餘各州民戶分賞諸王貴戚。耶律楚材奏道：「裂土分戶，一則無益於諸王生計，二則百姓被棄，於社稷不利。不如合總為一，令其納賦，多與諸王功臣金帛。此乃兩全之計，足以為恩。」太宗皇帝說道：「朕已許諾，如何是好？」耶律楚材奏道：「陛下詔命，旨在賦稅，雖給民戶，實為得利，此二者無別。因此不如專設州縣，任用官吏以代陛下料理百姓。若不經朝廷恩准，諸官不得擅自作主，私自征斂。若戶歸諸王，臣恐天朝號令不行，日後勢必生亂。還望陛下細思定奪。」太宗皇帝當即從言，接過楚材所呈定賦表章，表中說道：「每二戶出絲一斤，以供官用；每五戶出絲一斤，以給受賜貴戚功臣之家。上田每畝稅三升半，中田三升，下田二升半，水田每畝稅五升，商稅三十分之一，鹽價銀一兩四十斤，以為永額。」

　　太宗下詔，命朝臣商議，眾皆以為太輕。耶律楚材奏道：「日久天長，貪者漸增，唯恐賦重，何言太輕？望陛下明鑒。」太宗准言，即命照辦，以示天朝憐民之意。

《金訓》
——成吉思汗箴言錄

〔背景〕

成吉思汗對萬戶、千戶、百戶諾顏們的訓諭，要求謹慎甄辨敵我，團結一切可以團結的力量，齊心協力，共同禦敵。

〔人物〕

草原諸部（國）：奇源（鐵木真）、泰赤烏（塔里忽台）、札達闌（札木合）、弘吉剌（迭兒格）、克烈（脫斡鄰勒）、蔑兒勤（脫黑脫阿）、塔塔兒（蔑兀真笑里徒）、乃蠻（拜不花）、汪古（阿剌兀思剔吉忽里）、女真（永濟）、唐兀（失都兒忽）、哈剌契丹（屈出律）、花剌子模（摩訶末）等。

〔醍醐〕

分清敵我關係，可以有效指導行動，所謂「敵不可假」、「民不可料」，必須「料敵從寬，禦敵從嚴。」

「敵」《說文》解為「仇」，「仇」《左傳》解為「怨耦」，若只關注字面意義的「舊怨」，則很可能忽略對未來的判斷。甄辨敵我，應以其對未來的潛在影響作為關鍵判斷依據。

〈論語・公冶長〉：「始吾於人也，聽其言而信其行；今吾於人也，聽其言而觀其行。」（圖25、26）

「五箭訓子」、「多頭獨尾蛇」的典故均強調了團結的重要性，只有團結一心，才能無所畏懼。

《蒙古黃金史》：「東方與西方相距遙遠，如果認對方是敵人，那距離便永遠如此了。」

《三十六計》：「共敵不如分敵，敵陽不如敵陰。」

〈孫子兵法・謀攻〉：「不戰而屈人之兵，善之善者也。」

《司馬法》：「以戰止戰，雖戰可也。」

《元典章》：「祖宗以神武定四方，淳德御群下。」

伐木用利斧，製作用工匠；建國需武官，治國需文臣。

訓章四、賢賢臨臨

【訓辭】

臨民之道如乳牛，臨敵之道如鷙鳥。

■ 文獻《蒙古黃金史譯注》，札奇斯欽譯注，聯經出版事業股份有限公司，2020年版，第75頁。

■ 輯錄《成吉思汗箴言選輯》，尹曉東，內蒙古人民出版社，2015年版，第101頁。

■ 輯譯一「對待人民要比牛犢還溫順，到了陣地要比猛鷹還兇猛。」

■ 輯譯二「閒暇的時間要像牛犢，拼殺衝鋒的時候要像角鷹一樣突進，嬉戲的時候要像小馬駒。」（圖24）

《金訓》

——成吉思汗箴言錄

〔醍醐文獻〕

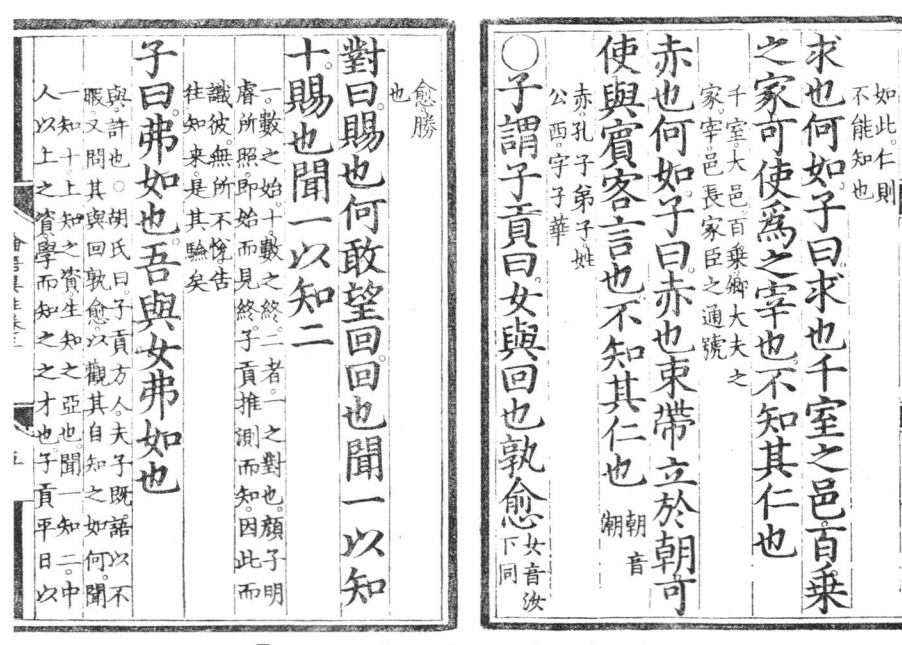

圖 25《論語》明經廠刊本內文 a

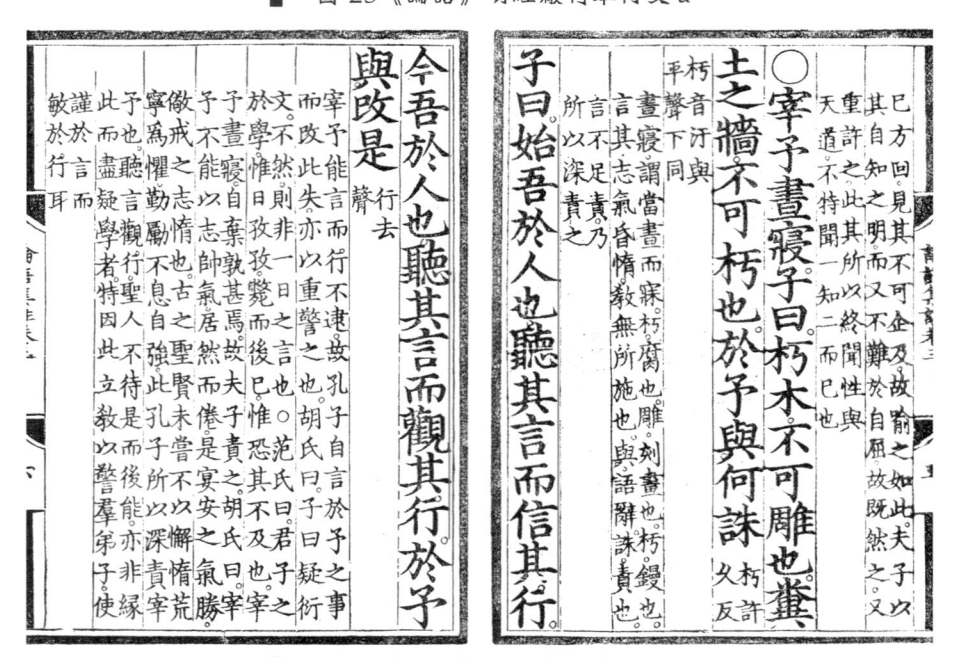

圖 26《論語》明經廠刊本內文 b

訓章四、賢賢臨臨

〔訓辭文獻〕

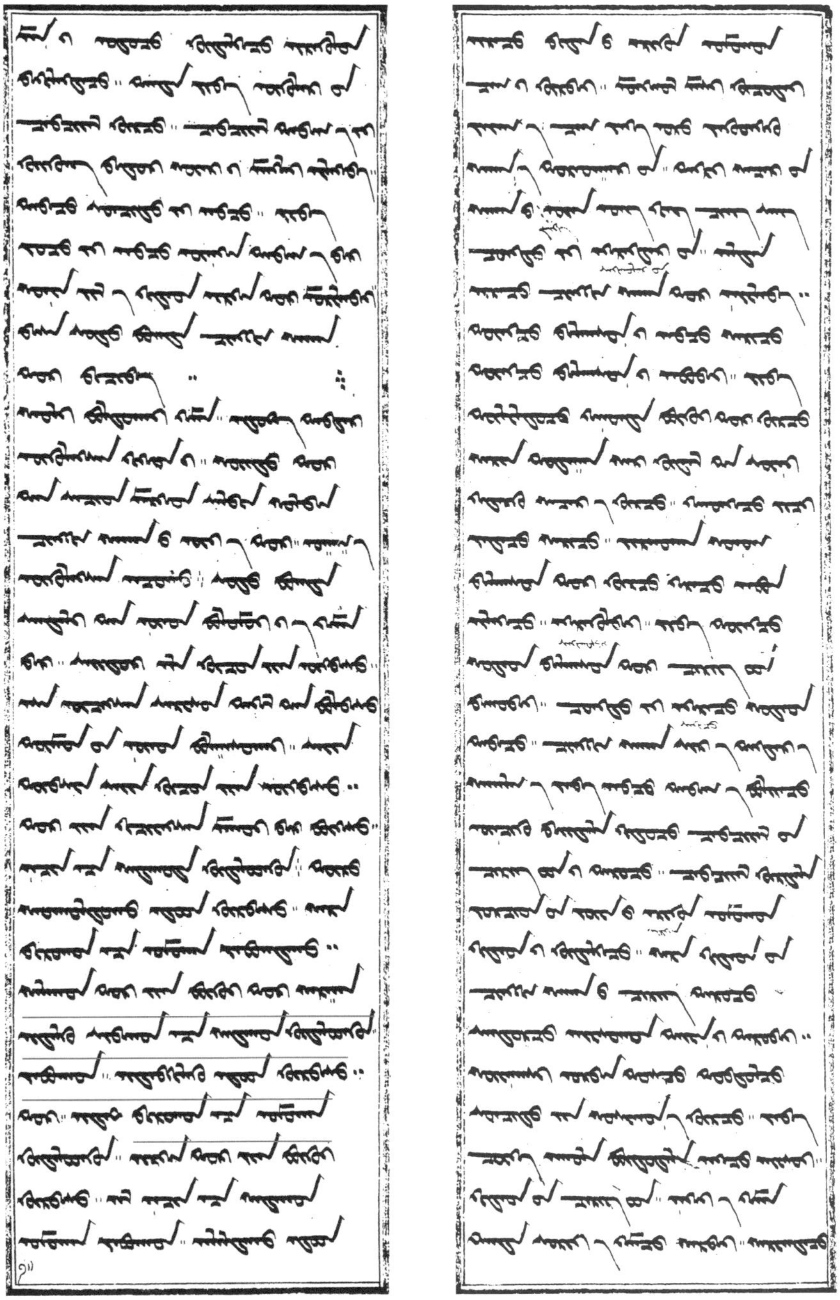

圖24《蒙古黃金史》烏蘭巴托影印本內文

《金訓》
——成吉思汗箴言錄

【醍醐文典】

〔醍醐文獻〕

■圖 25、26：《論語》明經廠刊本，第三卷第 4、5、6 頁。

原文：「始吾於人也，聽其言而信其行；今吾於人也，聽其言而觀其行」。

〔原篇選錄〕

「宰予晝寢。子曰：朽木不可雕也，糞土之牆不可杇也，於予與何誅。子曰：始吾於人也，聽其言而信其行；今吾於人也，聽其言而觀其行。於予與改是。」

〔典籍選介〕

《司馬法》是一部「治國、平天下」之書，〈漢書‧藝文志〉將此書列為禮部之書而不視作兵書。

古時掌軍政的官員稱「司馬」，周時稱「大司馬」，屬於「天子六卿」之一。「司馬法」指國家軍政之法，由於其具有憲法性質，歷代以來一直被宣導和遵循，成為國家治理的基本方針。

《司馬法》主要記述了古代立國治國的原則、和平處世的思想以及戰爭觀，強調「以仁為本，以義治之之為正，正不獲意則權」，指出「殺人安人，殺之可也；攻其國愛其民，攻之可也；以戰止戰，雖戰可也」。

《司馬法》對於後世的軍政研究非常重要，受到歷代學者的高度重視。與《孫子兵法》等兵書不同的是，該書對軍事理論，軍事典章制度的論述較為側重和充分，而對具體的作戰戰術問題則較少涉及，這是《司馬法》內容上的一個顯著特點。

該書原著作者姜太公，追述成書在齊威王時代，漢朝以後，該書多有散佚，今有五篇，是現存最早的軍事專著之一。

【訓辭文典】

〔訓辭文獻〕

■圖 24：《蒙古黃金史》烏蘭巴托影印本，110a、110b。

原譯：「對待人民要比牛犢還溫順，到了陣地要比猛鷹還兇猛」。

〔原篇選錄〕

「居家之時要比花牛犢還要溫順，到了戰場要比青鷹還要敏捷；對待人民要比牛犢還溫順，到了陣地要比猛鷹還兇猛。」

〔典籍選介〕

《元典章》原稱《大元聖政國朝典章》，元代官修政書，內容包括元太宗六年（1234 年）到元英宗至治二年（1322 年）間各地地方官吏會抄的有關政治、經濟、軍事、法律等方面的聖旨條畫、律令格例以及司法部門所判案例的彙編，分為前集和新集，史實多為《元史》所不載。

由於《元典章》文體較為獨特，有許多翻譯自蒙古語的奇語，如「肚皮」是賄賂之意、「勾當裡交出去」是指黜罷。陳垣在〈元典章校補釋例‧序〉稱，「《元典章》為考究元代政教、風俗、語言、文字必不可少之書」。

該書目前通行主要有兩種版本，一種是元代坊刻本，民國十四年（1925 年）發現於北平故宮博物院，現藏於臺北國立故宮博物院；另一種是沈刻本，清光緒三十四年（1908 年），武進董綬金根據杭州丁氏所藏抄本，由法學名家沈家本作跋，北京法律學堂刊行，世稱沈刻本。

《元典章》前集和新集共計八十一門，四百六十七目，二千三百九十一條，是研究元史特別是元代法制史以及社會史不可或缺的珍貴史料。

《金訓》
——成吉思汗箴言錄

■〈蒙古騎兵〉The History of the Mongols，16世紀

【青史奇譚】

〈蒙古人的資訊戰〉

1205 年成吉思汗征伐塔陽汗，當時札木合身在乃蠻，塔陽汗問他：「那些如狼入羊群，驅趕著群羊直趕到羊圈裡的人，是些什麼人？」

札木合答道：「是我的鐵木真安答用人肉餵養，用鐵索拴著的四條猛獒。驅趕我軍哨兵的，就是他們。他們額似銅鑄，嘴像鑿子，舌如錐子；有鐵一般的心，拿環刀當鞭子；飲用朝露解渴，騎著疾風而行。在廝殺的日子裡，吃的是人肉；在交戰的日子裡，以人肉為行糧。如今放開了鐵索，因沒有拘束而高興，奮勇地追來了。」

塔陽汗又問：「他們後面，像餓鷹撲食般，奮銳當先而來的是誰？」

札木合道：「那就是我的安答鐵木真。他渾身上下以生銅鑄成，用錐子去扎，找不到空隙；他全身用精鐵鍛成，用針去刺，找不到縫隙。」

塔陽汗又問：「鐵木真後面率領眾多人馬衝過來的是誰？」

札木合道：「那是月倫媽媽用人肉餵養的兒子，他身高三庹，能吃三歲小牛；身披三層甲，三頭犍牛也拽不住。把帶弓箭的人整個咽下，不礙著喉嚨；把一個男子漢完全吞下，不夠當零食。他拉弓射箭，飛過山嶺，能把一、二十人穿透。他生得與眾不同，身軀高大壯如巨蟒。名叫哈薩爾的就是他！」

塔陽汗說：「那樣的話，離那些傢伙遠一點吧，免得受其淩辱！」

第二天早晨，窮途末路的塔陽汗被擒獲。

蒙古人十分推崇「不戰而屈人之兵」，非常重視資訊戰所帶來的「絕佳性價比」。1203 年，鐵木真也曾利用「兄弟摩擦」造成的印象，讓哈薩爾佯投汪罕，然後兄弟倆裡應外合，逆襲並消滅了克烈部。

《金訓》
——成吉思汗箴言錄

訓章五、

勤。謙。玉人。
―― 懷堅貞無悔之心以勉之

《金訓》
——成吉思汗箴言錄

〔背景〕

時汪古部部長奉酒六尊，具以拜不花謀來告太祖。太祖飲三爵而止，諭事皆有度，過則殆矣。

「節食則無疾，擇言則無禍。」

直言之臣，國之良醫。一言之善，必行其言。

〔人物〕

諫臣謀士：兀孫、忽難、闊闊搠思、迭該、耶律楚材、郭寶玉、塔塔統阿等。

委派太傅：忽難（朮赤）、闊闊搠思（察合台）、亦魯格（窩闊台）、者台（托雷）等。

〔醍醐〕

「君之所以明者兼聽，所以暗者偏信。」

〈陶淵明‧歸去來兮辭〉：「悟已往之不諫，知來者之可追。」

《父子宰相家訓》：「古人以『眠、食』二者為養生之要務。臟腑腸胃常令寬舒有餘地，則真氣得以流行而疾病少。」

《三國志》：「華佗曰，『人體欲得勞動，但不當使極爾。動搖則穀氣得消，血脈流通，病不得生，譬猶戶樞不朽是也。』」

《父子宰相家訓》：「人心至靈至動，不可過勞，亦不可過逸，惟讀書可以養之。」

《道德經》：「曲則全，枉則直，少則得，多則惑。」（圖29、30）

少而發性、謙而養性、多而任性、過而亂性，任性則患生，患生則亂不遠矣。

《中庸》：「君子中庸。」

《周易》：「否，否之匪人，不利君子貞，大往小來；泰，小往大來，吉、亨。」

訓章五、勤謙玉人

【訓辭】

勤養之身怠則患，謙養之性驕則亂。

- 文獻《元史》，宋濂，中華書局（北京），1976年版，第2924頁。
- 輯錄《成吉思汗箴言選輯》，尹曉東，內蒙古人民出版社，2015年版，第147頁，第154頁。
- 輯譯一「睡覺能養身，過度則成疾。」
- 輯譯二「是物少則發性，多則亂性。」（圖27、28）

〔醍醐文獻〕

右第二十一章狀道德之象

曲則全枉則直窪則盈弊則新少則得多則惑是以聖人抱一爲天下式不自見故明不自是故彰不自伐故有功不自矜故長夫惟不爭故天下莫能與之爭古之所謂曲則全者豈虛言哉誠全而歸之

曲一偏也天能生覆而不能形載地能形載而不能生覆道各有所限而才各有所短若手足耳目之各執一官不能無也而終不見天下有遺能惟不兼能故有全能矣故曰曲則全尺蠖之屈以求伸也途有東有西而通諸夏也川有源有委而通諸海也父子相隱而直在其中也徑情不可以爲直矣故曰枉則直川谷窪下而衆水赴之地道流謙鬼神福謙人道好謙故曰窪則盈衰救而新之以葛葛救而新之以衰不有虧也其何以成故曰敝則新易則易知簡則易從一人可以令百人而兩人不可以令一人道不欲多多則雜雜則擾擾則憂憂則不可救路多岐則亡羊學多方則喪道多指亂視多語亂聽故曰少則得多則惑是以聖人不務多而務少還守其一以爲天下極見素抱樸少私寡欲致虛守靜歸根復命皆其事也下復

圖 29《道德經解》明徐憲成重梓本內文 a

申明曲則全之義言聖人惟務闇然自脩不自表暴以求人知也故其道日章而明好善用中樂取諸人惟恐不聞其過而不敢自是也故其德愈新而彰有功而不伐故天下稱功有長而不矜故天下稱長夫爭逆德也乘人之不能而取其名利人之短而著其長此與操刃而劫者何異是故聖人恥之不爭則天下服其德服其功而又服其所以居功與德者誰與之爭哉夫聖人惡能以一手一足盡天下之事其不自見不自是真以爲于道未有萬分一也其不自伐不自矜真以爲衆人之功能而非一巳力也非徒爲退託而巳此所謂一偏之曲也然而天下之至名歸焉則古所謂曲則全非虛語也惟曲而人以全歸之誠哉是言矣

右第二十二章此章表無能之能

希言自然故飄風不終朝驟雨不終日孰爲此者天地天地尚不能久而況於人乎故從事於道者同於道德者同於德失者同於失同於道者道亦樂得之同於德者德亦樂得之同於失者失亦樂得之信不足有不信

天下之言多矣而希言自然自然者感應之常理

圖 30《道德經解》明徐憲成重梓本內文 b

〔訓辭文獻〕

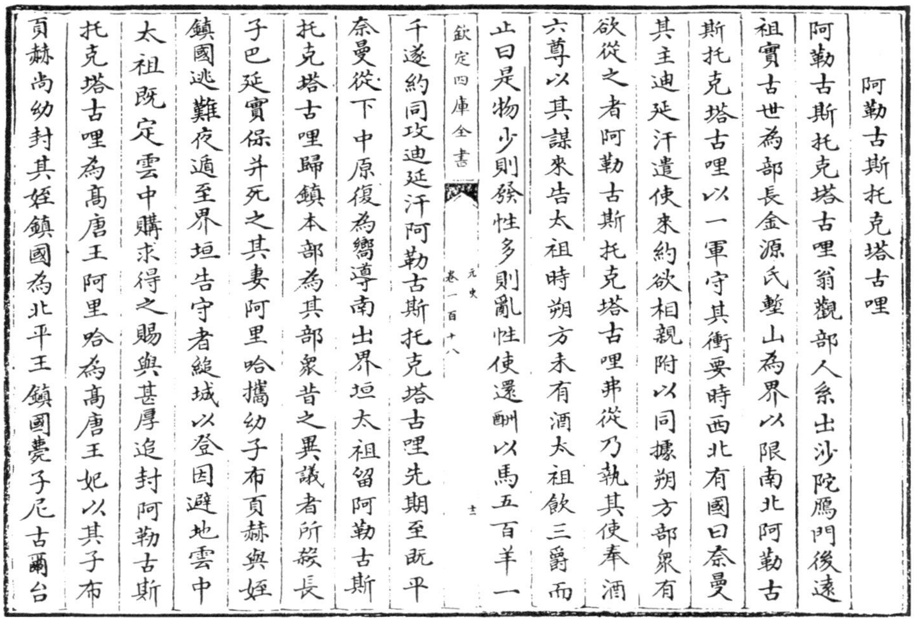

阿勒古斯托克塔古哩

阿勒古斯托克塔古哩翁觀部人系出沙陀鴈門後遠祖實古世為部長金源氏鑿山為界以限南北阿勒古斯托克塔古哩以一軍守其衛要時西北有國曰奈曼其主迪延汗遣使來約欲相親附以同據朔方部衆有欲從之者阿勒古斯托克塔古哩弗從乃執其使奉酒六尊以其謀來告太祖時朔方未有酒太祖飲三爵而止曰是物少則發性多則亂性使還酬以馬五百羊一千遂約同攻迪延汗阿勒古斯托克塔古哩先期至既而奈曼從下中原復為嚮導南出界垣太祖留阿勒古斯托克塔古哩歸鎮本部為其部衆昔之異議者所殺子巴延實保斗死其妻阿里哈攜幼子卓赫與姪鎮國逃難夜適至界垣告守者綏城以登因避地雲中太祖既定雲中購求得之賜與甚厚追封阿勒古斯托克塔古哩為高唐王阿里哈為高唐王妃以其子卓赫尚幼封其姪鎮國為北平王鎮國薨子尼古爾台

圖27《元史》四庫全書本內文a

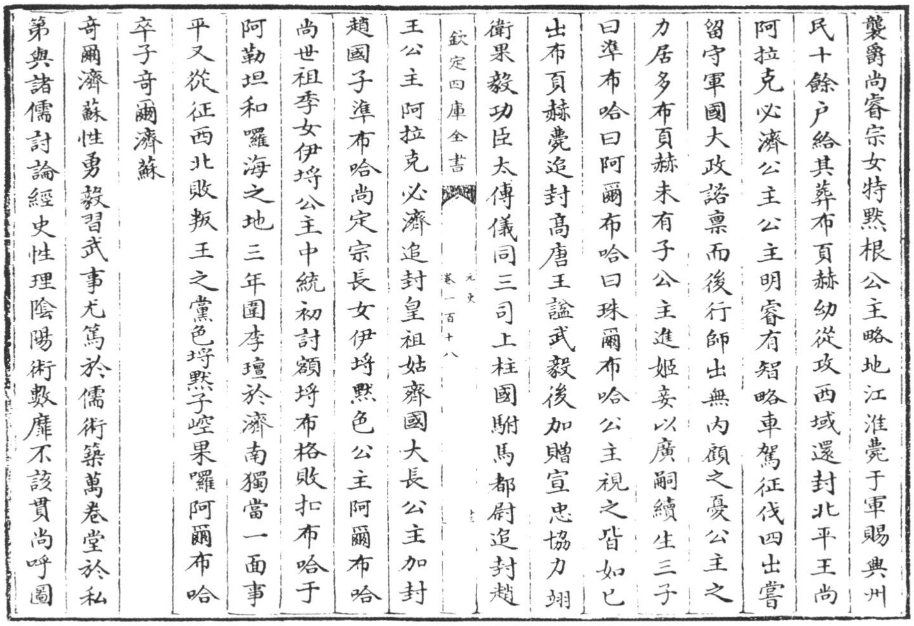

襲爵尚睿宗女特默根公主略地江淮薨于軍賜典州民十餘戶給其葬卓赫幼從攻西域還封北平王尚阿拉克必濟公主明睿有智略車駕征伐四出嘗留守軍國大政諮稟而後行師出無內顧之憂公主之力居多卓赫未有子公主進姬妾以廣嗣續生三子曰濟布哈曰阿爾布哈公主視之皆如己出卓赫薨追封高唐王諡武毅後加贈宣忠協力翊衛果毅功臣太傅儀同三司上柱國駙馬都尉追封趙王公主阿拉克必濟追封皇祖姑齊國大長公主加封趙國子濟布哈尚定宗長女伊埒默色公主中統初討額埒布格敗扣布哈于尚世祖李女伊埒公主三年圍李壇於濟南獨當一面事阿勒坦和囉海之地王之黨尤色埒默子琧果囉阿爾布哈平又從征西北敗叛卒子奇爾濟蘇奇爾濟蘇性勇毅習武事尤篤於儒術築萬卷堂於私第與諸儒討論經史性理陰陽術數靡不該貫尚呼圖

《金訓》
——成吉思汗箴言錄

【醍醐文典】

〔醍醐文獻〕

■ 圖29、30：《道德經解》明徐憲成重梓本，上卷第44、45、46頁。
原文：「曲則全，枉則直，少則得，多則惑」。

〔原篇選錄〕

「曲則全，枉則直，窪則盈，弊則新，少則得，多則惑。是以聖人抱一為天下式。不自見，故明；不自是，故彰；不自伐，故有功；不自矜，故長。夫唯不爭，故天下莫能與之爭。古之所謂曲則全者，豈虛言哉！誠全而歸之。」

〔典籍選介〕

《道德經》是春秋時期老子所著的哲學作品，又稱《老子》，是道家哲學思想的重要來源。《道德經》為春秋戰國時期道家學派的代表性經典，亦是道教尊奉的經典。至唐代，唐太宗命人將《道德經》譯為梵語；唐玄宗時，尊此經為《道德真經》。

《道德經》以哲學意義之「道」與「德」為綱，論述修身、治國、用兵、養生之理，而多以政治為旨歸，對傳統思想、科學、政治、文學、藝術等領域產生了深刻影響。後世通行的注解本，以王弼《老子道德經注》、河上公《老子章句》流傳最廣。

關於《道德經》與儒家之間的關係，今本《老子》所提倡的絕棄「聖、智、仁、義」，在郭店楚簡中則是「智、辯、偽、詐」。有些學者據此主張《老子》與儒家在倫理觀念上並不互斥，並且指出楚簡《老子》沒有將「禮」與「偽」兩者等同起來。

《道德經》文意深奧，包涵廣博，被譯成多國文字廣為流傳，是中華文明乃至世界文明的寶貴財富。

【訓辭文典】

〔訓辭文獻〕

■圖27、28：《元史》四庫全書本，第一百一十八卷第12、13頁。
原文：「是物少則發性，多則亂性」。

〔原篇選錄〕

「阿剌兀思剔吉忽里奉酒六尊，具以拜不花謀來告太祖。時朔方未有酒，太祖飲三爵而止，曰：『是物少則發性，多則亂性。』使還，酬以馬五百、羊一千，遂約同攻塔陽汗。」

〔典籍選介〕

《青史》全稱《大元盛世之青史》，也稱《青史演義》，是由清代作家尹湛納希撰寫的長篇章回體歷史傳奇，是蒙古文學史上一部氣魄宏大的史詩名著，也被認為是十九世紀蒙古文學最重要的作品之一。

《青史》成書約在道光十年（1830年）至光緒十七年（1891年）間，前八回由尹湛納希之父旺欽巴勒所撰，後由尹湛納希續寫。全書共一百二十四回，現存六十九回。該書結構恢宏，佈局廣闊，以豐富的史料為依託，生動展現了十二、十三世紀多元文化交織下的社會歷史風貌。

《青史》跨文化的論述強調「會通與共存」而非「衝突與排他」，該書在釋儒思辨中展現了深刻的見解，其對文化更加多元的當代社會具有極為重要的參考價值。

尹湛納希，乳名哈斯朝魯，漢名寶瑛，字潤亭，號衡山，生於卓索圖盟土默特右翼旗的「忠信府」。為愛國將領旺欽巴勒（成吉思汗二十七世孫）的第七子。幼年從塾師學會了蒙、漢、藏、滿和梵文，是著名思想家、史學家、文學家、翻譯家和詩人。

《金訓》
———成吉思汗箴言錄

〈萬安宮銀樹〉European imagination，18 世紀

【青史奇譚】

〈孤兒論酒〉

　　月倫母親曾傳令禁止國人飲酒，因此當初太祖娶親的宴席上也沒有擺出酒來。當時陶爾根希拉奏請太祖賜酒，稱宴席雖豐盛，但缺少美酒顯得單調；毛浩來則說酒會使人忘卻諾言，態度傲慢；朝莫爾更說喜日無酒則美中不足；布古爾吉稱酒初飲如金液，入肚如猛虎；扎勒瑪質疑是否應該聽從艾力海與達爾松的安排，提議痛飲；吉爾古嘎岱贊同，認為沒有酒就不算幸福；哈爾海如認為酒能助興助勇；惠森布古拉爾擔心酒會讓人失態；希熱呼圖克則提議大家應該齊心暢飲。

　　大家七嘴八舌，爭論不休。這時，只見一個端盤的孤兒站在門外，冷笑不止。太祖見了，把他叫到身旁，問道：「你這孩子為何在那裡冷笑呢？」那孤兒奏道：「我要是一個成年的大人，會把自己的想法說出來，我要是一個朝廷的大臣，會把自己的主意講出來。」

　　太祖聞言道：「孩子，你有話儘管講吧。」孤兒拜謝太祖，便說：「酒飲多了就會鬧病，飲得適度就是良藥，喜日喝點就是幸福，喝得過量就是糊塗，天天喝它就是毒藥，經常節制就是聰明，吉日喝它就是快樂，酩酊大醉就會丟人。」

　　太祖聽了高興地稱讚道：「孩子，你說的話很有道理。艾力海這個東西飲得適量會使人高興，如果喝上了癮就會傷身害命。飲酒雖然一時快樂，但喝醉了害處極大！」說罷就問那孩子的籍貫姓名，那孩子連忙跪下說道：「我是巴雅古德的孤兒，今年十三歲，名叫蘇奇。」太祖聽了，便賞給他衣冠。因為他在眾人面前分說事由頭頭是道，就給他改名叫做烏優圖斯欽。卻說太祖當時就把烏優圖斯欽提拔起來留在身邊當近侍。因他從小精通畏兀兒文字，太祖就賜給他寫字用的朱砂毛筆，命他擔任了專門記載起居的官員。

《金訓》
——成吉思汗箴言錄

〔背景〕

　　1227 年，西夏平定，金遣使請和。秋，成吉思汗崩於清水，臨終之前將諸事安排妥當，訓諭並勉勵眾人後，即與世長辭。

　　成吉思汗頒佈的「大扎薩」和其「必力克箴言」，是留給後世取之不盡用之不竭的精神財富。

〔人物〕

　　希吉忽圖忽：成吉思汗統一蒙古後，任其為最高斷事官。希吉忽圖忽曾參與制訂大扎薩，並創立了蒙古書寫青冊制度。

　　四義弟（月倫母親之養子）：博爾忽（主兒勤人，亦為四傑之一）、希吉忽圖忽（塔塔兒人）、曲出（蔑兒勤人）、闊闊出（泰赤烏人）。

〔醍醐〕

　　〈詩經・秦風〉：「言念君子，溫其如玉。」（圖 33、34）

　　《說文》：「玉，石之美，有五德：潤澤以溫，仁之方也；鰓理自外，可以知中，義之方也；其聲舒揚，專以遠聞，智之方也；不撓而折，勇之方也；銳廉而不忮，潔之方也。」

　　〈荀子・不苟〉：「與時屈伸，柔從若蒲葦。」

　　〈蘇軾・晁錯論〉：「古之立大事者，不惟有超世之才，亦必有堅韌不拔之志。」

　　逝者如斯，不捨晝夜，矢志不渝，孜孜不懈。

　　「身如逆流船，心比鐵石堅。」

　　〈李白・行路難〉：「長風破浪會有時，直掛雲帆濟滄海。」

　　《成吉思汗評傳》：「汗之功業，決不限於武力與權威，而其成就，洵不愧為現代世界文明之橋樑、中華國族文化之基石也。」

訓章五、勤謙玉人

玉石無衣鐵無衫，人身如葦意如磐。

【訓辭】

- 文獻《蒙古源流》，薩囊徹辰著，內蒙古人民出版社，1980年版，第182頁。
- 輯錄《成吉思汗箴言》，那仁敖其爾、那順烏力吉，內蒙古人民出版社，2016年版，第142頁。
- 輯譯「若夫玉石之無皮也，若夫純鐵之無膠也，惜乎人生之無常也，當懷堅貞無悔之心以勉之。」（圖31、32）

《金訓》
——成吉思汗箴言錄

〔醍醐文獻〕

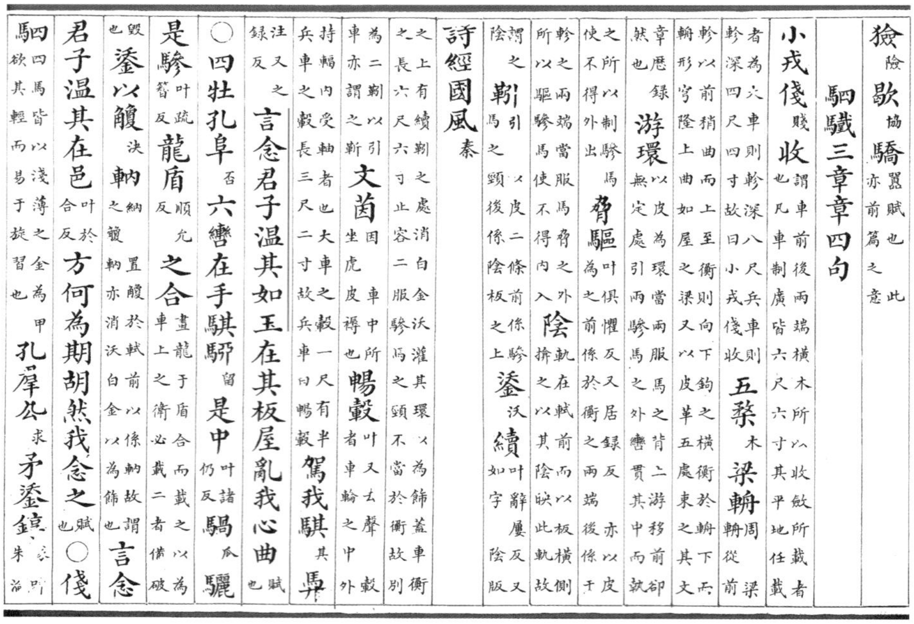

圖33《詩經》清內府朱絲欄精寫本內文 a

圖34《詩經》清內府朱絲欄精寫本內文 b

〔訓辭文獻〕

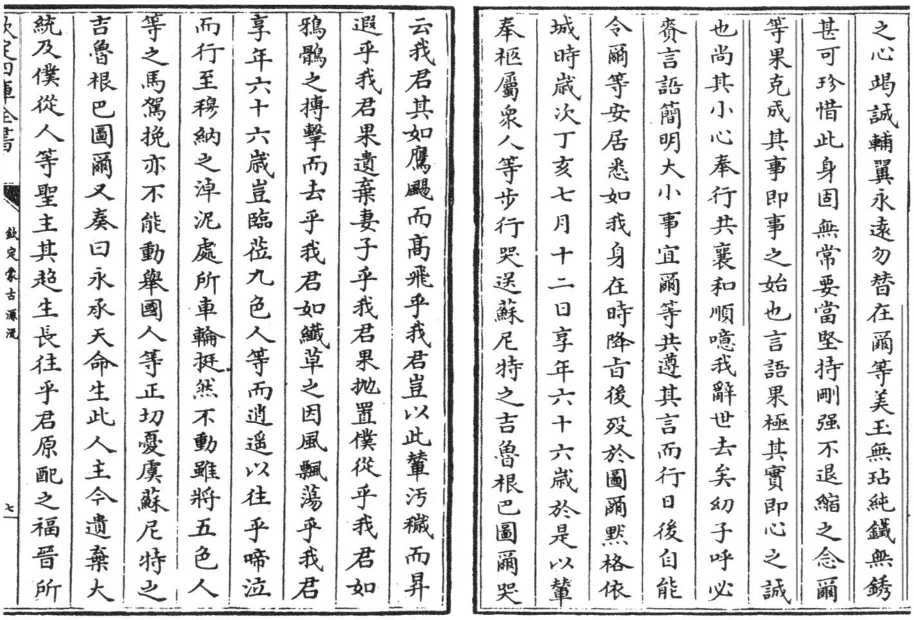

之心竭誠輔翼永遠勿替在爾等美玉無玷純鐵無銹
甚可珍惜此身固無常要當堅持剛强不退縮之念爾
等果克成其事即事之始也言語果極其實即心之誠
也尚其小心奉行共襄和順噫我辭世去矣幼子呼必
賚言語簡明大小事宜爾等共遵其言而行日後自能
令爾等安居悉如我身在時降旨後歿於圖爾默格依
城時歲次丁亥七月十二日享年六十六歲於是以輦
奉柩屬衆人等步行哭送蘇尼特之吉魯根巴圖爾哭

欽定四庫全書　欽定蒙古源流　七

云我君其如鷹颺而高飛乎我君豈以此輦汚穢而昇
遐乎我君果遺棄妻子乎我君果拋置僕從乎我君如
鴉鶻之搏擊而去乎我君如纖草之因風飄蕩乎我君
享年六十六歲豈臨蒞九色人等而逍遙以往乎啼泣
而行至穆納之淖泥處所車輪挺然不動雖將五色人
等之馬駕挽亦不能動舉國人等正切憂虞蘇尼特之
吉魯根巴圖爾又奏曰永承天命生此人主今遺棄大
統及僕從人等聖主其超生長往乎君原配之福晉所

圖 31《蒙古源流》四庫全書本內文 a

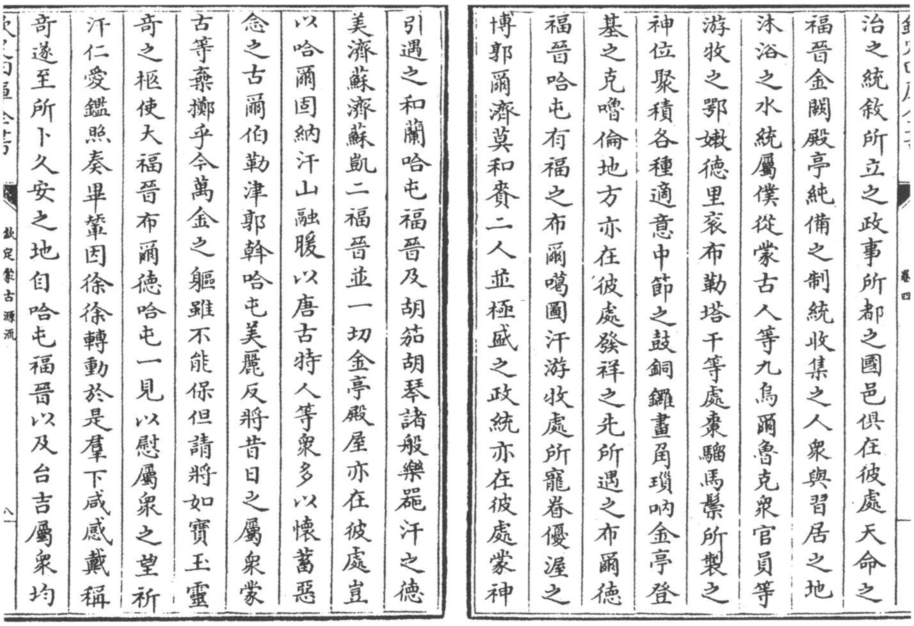

欽定四庫全書　卷四

治之統敘所立之政事所都之國邑俱在彼處天命之
福晉金闕殿亭純備之制統收集之人衆與習居之地
沐浴之水統屬僕從蒙古人等九烏爾魯克衆官員等
游牧之鄂嫩德里衮布勒塔干等處棗騮馬鬃所製之
神位聚積各種適意中節之鼓銅鑼畫角瑣吶金亭登
基之克嚕倫地方亦在彼處發祥之先所遇之布爾德
福晉哈屯有福之布爾噶圖汗游牧處所寵眷優渥之
博郭爾濟莫和賚二人並極盛之政統亦在彼處蒙神

欽定四庫全書　欽定蒙古源流　八

引遇之和蘭哈屯福晉及胡笳胡琴諸般樂器汗之德
美濟蘇濟蘇凱二福晉並一切金亭殿屋亦在彼處豈
以哈爾固納汗山融暖以唐古特人等衆多以懷蓄惡
念之古爾伯勒津郭斡哈屯美麗反將昔日之屬衆蒙
古等棄擲乎今萬金之軀雖不能保但請將如寶玉靈
奇之柩使大福晉布爾德哈屯一見以慰屬衆之望祈
汗仁愛鑑照奏畢輦因徐徐轉動於是羣下咸感戴稱
奇遂至所卜久安之地自哈屯福晉以及台吉屬衆均

圖 32《蒙古源流》四庫全書本內文 b

《金訓》
——成吉思汗箴言錄

【醍醐文典】

〔醍醐文獻〕

■圖 33、34：《詩經》清內府朱絲欄精寫本，第一卷國風：秦風。

原文：「言念君子，溫其如玉」。

〔原篇選錄〕

「小戎俴收、五楘梁輈。游環脅驅、陰靷鋈續、文茵暢轂、駕我騏馵。言念君子、溫其如玉。在其板屋、亂我心曲。」

〔典籍選介〕

《詩經》是中國古代詩歌的開端，最早的一部詩歌總集，收集了西周初年至春秋中葉（前十一世紀至前六世紀）的詩歌，共三百一十一篇，其中六篇為笙詩（即有目無辭，只有標題，沒有內容）。

《詩經》在先秦時期稱為《詩》，或取其整數稱《詩三百》，西漢時被尊為儒家經典，始稱《詩經》，並沿用至今。

《詩經》在內容上分為「風」「雅」「頌」三個部分。手法上分為「賦」「比」「興」。「風」是周代各地的歌謠；「雅」是周人的正聲雅樂，又分「小雅」和「大雅」；「頌」是周王庭和貴族宗廟祭祀的樂歌，又分為「周頌」、「魯頌」和「商頌」。

該書最為著名也是流傳至今的版本，是漢景帝第三子河間王劉德、毛萇版本《詩經》，因此該版本又稱為《毛詩》。目前安徽大學藏戰國早期楚國版本《詩經》是最早的原始版本。

《詩經》內容豐富，反映了勞動與愛情、戰爭與徭役、壓迫與反抗、風俗與婚姻、祭祖與宴會，甚至天象、地貌、動物、植物等，是周代社會生活的一面鏡子。

【訓辭文典】

〔訓辭文獻〕

■ 圖 31、32：《蒙古源流》四庫全書本，第四卷第 6、7、8 頁。

原譯：「若夫玉石之無皮也，若夫純鐵之無膠也，惜乎人生之無常也，當懷堅貞無悔之心以勉之」。

〔原篇選錄〕

「若夫玉石之無皮也，若夫純鐵之無膠也，惜乎人生之無常也，當懷堅貞無悔之心以勉之。事所尚者克成其業也，人所重者踐言之誠也，當小心行事以和人眾。」

〔典籍選介〕

《成吉思汗評傳》是張振佩先生撰寫的諸多先賢傳記作品之一。該書分上、下兩編，「上編列敘成吉思汗生長環境、家族淵源及其一生事業，為編年式之敘述，並殿以年譜，以醒眉目。下編則就成吉思汗一生功業加以累計，並分析其原因，作一橫面解剖，使能為吾人立身治事之資鑒焉」。

作者深刻批評了現代元史研究中「固步自封」的觀念，深入剖析了傳統東西方史書的不足，指出「元人自著之歷史，有《元秘史》，但大典本不全，漢譯本多刪節；西方之著作，有多桑之《蒙古史》，但懷有種族成見與政治仇恨。如何淘沙揀金，實為當前研究元史者最繁難之工作」。書中強調，研究元史應以世界文化進步史之眼光，客觀評論元代之歷史地位。

該書以傳主臨終遺言「欲禦敵，必合眾心為一」作結，意在奮起圖強，再造和平之新中國。

《成吉思汗評傳》由中華書局（上海）1943 年初版，旋即銷售一空，三年之中三次重梓，是現代傳記作品的典範代表。

《金訓》
——成吉思汗箴言錄

〈磐山〉寶麗格,2024

訓章五、勤謙玉人

【青史奇譚】

〈滿都海皇后的誓言〉

　　十五世紀，蒙古社會因汗權衰弱，權臣割據，加之外部勢力的不斷挑唆，導致各部內訌不斷，彼此爭鬥不休。1475年滿都魯汗與博勒呼濟農巴彥孟克曾一度恢復汗廷權威，帶來復興希望。然而二人卻遭鴻郭賚和太師亦思馬勒的挑撥，最終爆發衝突，鬱鬱而終。

　　濟農的兒子名叫巴圖孟克，因為從小離開父母身患痞疾。帖木兒哈達克之妻用九峰白駱駝的乳汁、將三隻銀碗磨穿才把他的疾患治好。

　　那以後，可汗的遺孀滿都海徹辰合敦，呼籲部眾為可汗和濟農復仇，她背上箭筒優雅從容，整理好蓬亂的頭髮，帶著巴圖孟克一同出征。她征伐了遠方的勢力，平定了動盪的疆域。

　　其後，科爾沁的烏嫩博羅特對滿都海說：「讓我給你點燃灶火，讓我給你指點牧場。」滿都海說：「你認為可汗的子孫年紀幼小麼？你認為全國的人民沒有領袖麼？可汗的後裔健在！有推不開的門扉，有邁不過的門檻。」滿都海說完這些，便帶著巴圖孟克來給額始合敦灑馬奶致祭：「在分不清青馬毛色的地方嫁來作媳，我是可汗的後裔兒媳，烏嫩博羅特表示要娶我，我來到合敦你的斡爾朵跟前。我青春無悔，我無所畏懼。請先祖看著你的奴婢媳婦，我怎能輕視你那寬大的門楣，我怎能小看你那高大的門限。我意如磐石，永世不變！」烏嫩博羅特聽到她虔誠的誓言後十分感動，毅然收回了前言，並鄭重承諾全力支持。

　　其後，在巴圖孟克七歲時，滿都海徹辰合敦以身相許，扶持他繼承了大統，史稱大元達延汗。達延汗面對內憂外患的複雜局勢，他勵精圖治，內修外攘，凝聚了四分五裂的蒙古各部，實現了全蒙古的再度統一。《王朝實錄》稱讚他「為人賢智卓越」，至於他是如何以文治武功帶領蒙古走向復興，則又是另外一段波瀾壯闊的傳奇了。

《金訓》
——成吉思汗箴言錄

訓章六、

黑。白。丹青。

——手捧日月，才能留駐春夏

《金訓》
——成吉思汗箴言錄

〔背景〕

　　成吉思汗訓諭千戶諾顏們，強調要把握形勢發展，辨陰陽、明來往、知無為、思有方。正所謂手捧日月，才能留駐春夏。

　　成吉思汗團隊是蒙古民族光輝歷史的締造者，其後世子孫繼承了他們的遺志，不斷用實際行動傳承、發揚著偉大的民族精神。

〔人物〕

　　薛禪汗忽必烈：成吉思汗之孫，在位期間信用儒學，建立行省制，加強對邊疆的管理，修鑿運河，興建大都，注重農桑，倡辦學校，使元代社會經濟得以長足發展。

　　達延汗巴圖孟克：薛禪汗十三世孫，在位期間推行改革，結束異姓權臣專政、內訌和封建割據的局面，對蒙古各部的發展產生深遠影響，被譽為蒙古中興之主。

　　格根汗阿勒坦：達延汗之孫，在位期間振興蒙古發展，修建呼和浩特城，與明廷和平互市，引入藏傳佛教，對蒙古政治、經濟、文化、宗教都產生了極大的影響。

〔醍醐〕

　　遼闊的草原和繁茂的森林，孕育了蒙古民族的強悍與堅韌。從悠遠的歷史長河中一路走來，一代又一代蒙古人堅守初心，胸懷壯志，為民族更加絢麗的未來而孜孜不懈地奮鬥著。

　　〈周易・繫辭上〉：「廣大配天地，變通配四時，陰陽之義配日月，易簡之善配至德。」

　　《黃帝內經》：「審其陰陽，以別柔剛。」（圖36）

　　〈周易・繫辭上〉：「剛柔相推而生變化。」（圖37）

　　《蒙古黃金史》：「識別陰陽有智謀，盤羊也不難捉住。」

訓章六、黑白丹青

【訓辭】

黑夜堅忍如白鹿，白晝精誠如蒼狼。

■ 文獻《蒙古黃金史》，羅桑丹津著，蒙古學出版社，1993年版，第205頁。

■ 輯錄《蒙古族歷代詩詞選》，那順德力格爾，春風文藝出版社，1993年版，第3頁。

■ 輯譯「在明亮的白天，要像雄狼一樣深沉細心。在黑暗的夜裡，要像烏鴉一樣堅忍不拔。」（圖35）

〔醍醐文獻〕

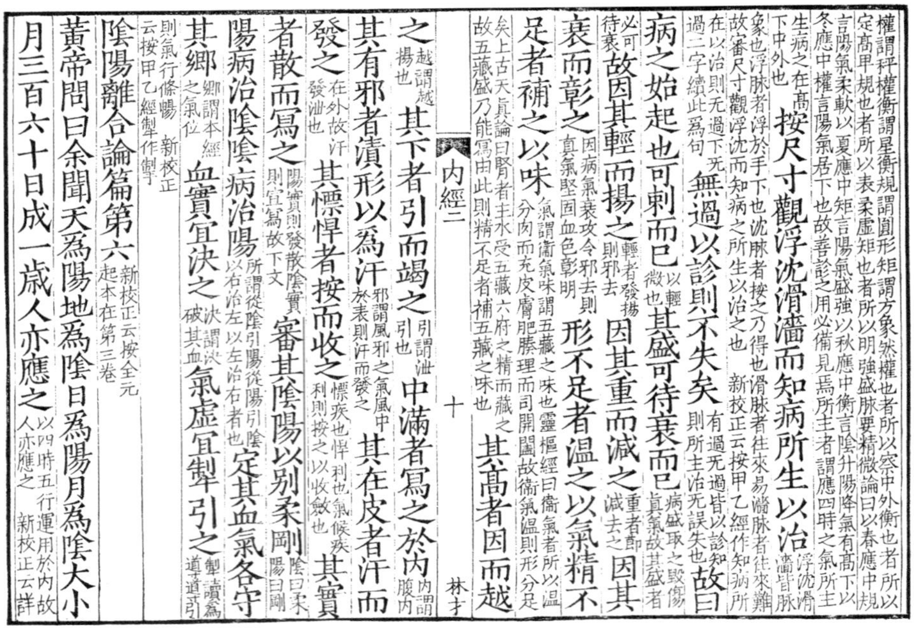
權謂秤權衡謂星衡規謂圓形矩謂方象然權也者所以察中外衡也者所以
定高卑規也者所以表柔虛矩也者所以明強盛脉要精微論曰以春應中規
言陽氣柔軟以夏應中矩言陽氣盛強以秋應中衡言陰升陽降氣有高下以
冬應中權言陽氣居下也故善診之用必備見焉所主者謂應四時之氣所主
生病之在高下中外也 按尺寸觀浮沈滑濇而知病所生以治 浮沈滑濇皆脉
象也浮脉者浮於手下也沈脉者按之乃得也滑脉者往來易濇脉者往來難
故審尺寸觀浮沈而知病之所生以治之也 新校正云按甲乙經作知病所
在以治則无過下无過二字續此爲句 無過以診則不失矣 有過无過皆以診知則所主治无誤失也 故曰
病之始起也可刺而已 以輕微也 其盛可待衰而已 病盛取之毀傷真氣故其盛者必可待衰
故因其輕而揚之 輕者發揚則邪去 因其重而減之 重者節減去之 因其
衰而彰之 因病氣衰攻令邪去則真氣堅固血色彰明 形不足者溫之以氣精不
足者補之以味 氣謂衛氣味謂五藏之味也靈樞經曰衛氣者所以溫分肉而充皮膚肥腠理而司開闔故衛氣溫則形分足矣上古天真論曰腎者主水受五藏六府之精而藏之故五藏盛乃能寫由此則精不足者補五藏之味也
其高者因而越之 越謂越揚也 其下者引而竭之 引謂泄引也 中滿者寫之於內 內謂腹內
內經二 十 林才
其有邪者漬形以爲汗 邪謂風邪之氣風中於表則汗而發之 其在皮者汗而
發之 在外故汗發泄也 其慓悍者按而收之 慓疾也悍利也氣候疾利則按之以收斂也 其實
者散而寫之 陽實則發散陰實則宜寫故下文 審其陰陽以別柔剛 陰曰柔陽曰剛
陽病治陰陰病治陽 所謂從陰引陽從陽引陰以右治左以左治右者也 定其血氣各守
其鄉 鄉謂本經之氣位 血實宜決之 決謂決破其血 氣虛宜掣引之 掣讀爲導導引
則氣行條暢 新校正云按甲乙經掣作掣
陰陽離合論篇第六 新校正云按全元起本在第三卷
黃帝問曰余聞天爲陽地爲陰日爲陽月爲陰大小
月三百六十日成一歲人亦應之 以四時五行運用於內故人亦應之 新校正云詳

圖 36《黃帝內經》明顧從德覆宋刊本內文

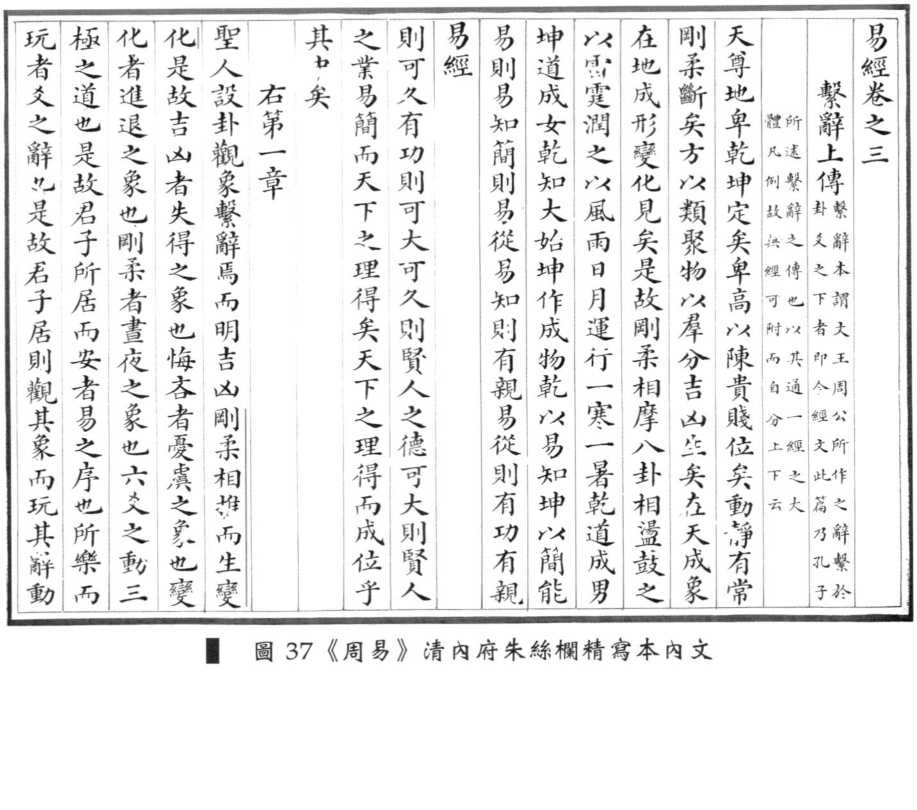
易經卷之三
繫辭上傳 繫辭本謂文王周公所作之辭繫於卦爻之下者即今經文此篇乃孔子所述繫辭之傳也以其通論一經之大體凡例故無經可附而自分上下云
天尊地卑乾坤定矣卑高以陳貴賤位矣動靜有常
剛柔斷矣方以類聚物以羣分吉凶生矣在天成象
在地成形變化見矣是故剛柔相摩八卦相盪鼓之
以雷霆潤之以風雨日月運行一寒一暑乾道成男
坤道成女乾知大始坤作成物乾以易知坤以簡能
易則易知簡則易從易知則有親易從則有功有親
易經
則可久有功則可大可久則賢人之德可大則賢人
之業易簡而天下之理得矣天下之理得而成位乎
其中矣
右第一章
聖人設卦觀象繫辭焉而明吉凶剛柔相推而生變
化是故吉凶者失得之象也悔吝者憂虞之象也變
化者進退之象也剛柔者晝夜之象也六爻之動三
極之道也是故君子所居而安者易之序也所樂而
玩者爻之辭也是故君子居則觀其象而玩其辭動

圖 37《周易》清內府朱絲欄精寫本內文

訓章六、黑白丹青

〔訓辭文獻〕

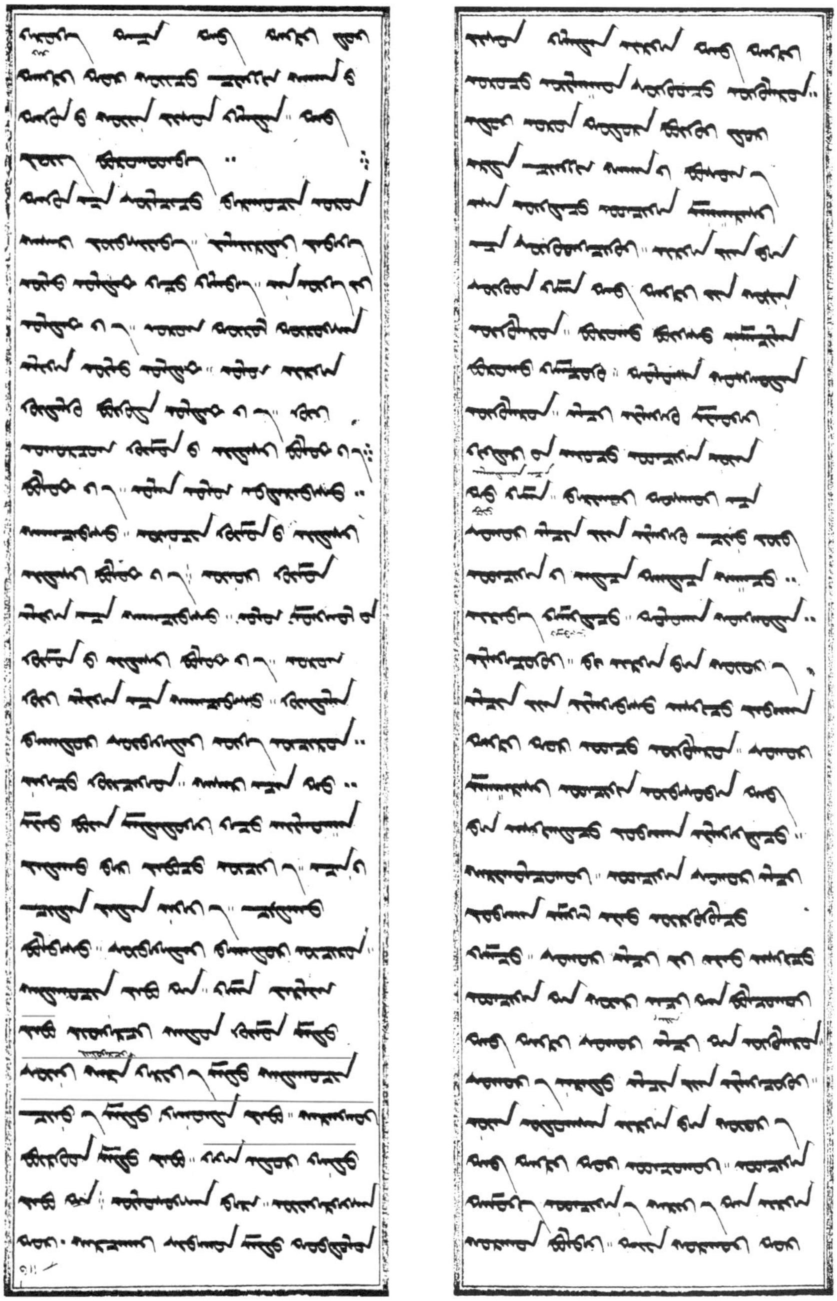

圖 35《蒙古黃金史》烏蘭巴托影印本內文

《金訓》
——成吉思汗箴言錄

【醍醐文典】

〔醍醐文獻〕

■圖36：《黃帝內經》明顧從德覆宋刊本，第二卷第 10 頁。

原文：「審其陰陽，以別柔剛」。

■圖37：《周易》清內府朱絲欄精寫本，第三卷。

原文：「剛柔相推而生變化」。

〔原篇選錄〕

「審其陰陽，以別柔剛，陽病治陰，陰病治陽，定其血氣，各守其鄉，血實宜決之，氣虛宜掣引之。」

「聖人設卦觀象，繫辭焉而明吉凶，剛柔相推而生變化。是故，吉凶者，失得之象也。悔吝者，憂虞之象也。變化者，進退之象也。剛柔者，晝夜之象也。六爻之動，三極之道也。」

〔典籍選介〕

《黃帝內經》（簡稱《內經》）被譽為「上古三大奇書」之一，為現存最早的傳統中華醫學著作，對於後世中醫學的理論與實務有深遠影響。

此書相傳是黃帝與岐伯、雷公、伯高、俞跗、少師、鬼臾區、少俞等多位大臣討論醫學的記述，主張「不治已病治未病，不治已亂治未亂」。與《難經》、《傷寒雜病論》、《神農本草經》一起被視為中華傳統醫學四大經典著作。

《內經》包括《素問》和《靈樞》兩部分，共十八卷一百六十二篇。《素問》以問答形式記述各種中原醫學的理論，《靈樞》則集中於實踐技術的指導，尤其是針灸。《黃帝內經》的學說體系十分豐富，不僅包含系統的醫學理論，還涵蓋了哲學、宇宙觀、生命觀等多方面的內容，全方位展現了古人對生命與自然的深刻認知。

訓章六、黑白丹青

【訓辭文典】

〔訓辭文獻〕

■圖 35：《蒙古黃金史》烏蘭巴托影印本，96a、96b。

原譯：「在明亮的白天，要像雄狼一樣深沉細心。在黑暗的夜裡，要像烏鴉一樣堅忍不拔」。

〔原篇選錄〕

「在明亮的白天，你們要像雄狼一樣深沉細心。在黑暗的夜裡，你們要像烏鴉一樣堅忍不拔。你們要像一個男子的兩個妻子，互不謙讓！」

〔典籍選介〕

《阿勒坦汗傳》是蒙文原題《名為寶彙集之書》的通稱。該書是一部用蒙古韻文體（以押頭韻的四行詩為基本形式）寫成的記錄阿勒坦汗（1507－1581年）一生事蹟的編年體史籍。該書的正文中又有《介紹轉輪王阿勒坦汗生平的名為寶鑒之略傳》、《天聖阿勒坦汗之善行傳記》等稱法，書末則有《轉輪王阿勒坦汗傳》的稱法。

據珠榮嘎先生的考證，《阿勒坦汗傳》的成書年代要早於《黃金史綱》和《蒙古源流》。該書以阿拉坦汗一生的事蹟為綱，詳細記述了他在政治、經濟、軍事等方面的卓越成就。尤為重要的，是對阿勒坦汗西征藏土、加強本部與西藏之間的聯繫，以及促使藏傳佛教傳入內地等具有深遠歷史影響的重大事件進行了詳盡的記載。

由於作者利用了當時重要歷史人物達雲恰的著作，並根據自己的耳聞目睹寫成此書，因此其史料價值極為珍貴，已成為蒙古史文獻寶庫中的一部經典著作。

《金訓》
——成吉思汗箴言錄

〈草原八月〉官布，1996

【青史奇譚】

〈愛吃盤羊肉的三公主〉

阿里海是成吉思汗與布爾德的三女兒。蒙古統一之初，汪古部曾「舉部來歸」，成吉思汗大為欣喜，遂與之結為姻親「約世婚之好，號安達忽答（金蘭親家）」，將阿里海嫁給了汪古部領袖之子。

有一次成吉思汗前往汪古部，阿里海聞訊後飛快地跑到父親跟前，撒嬌道：「父汗，這次給我帶什麼好吃的了？」成吉思汗問：「你想吃什麼呀？」阿里海想了想，答道：「盤羊、飛龍！」

盤羊是一種體型龐大、勇猛異常的野生羊，在蒙古草原上並不容易接近和捕捉，生擒成羊更是聞所未聞。因此，盤羊肉就成了一種極為珍貴的食物。

關於盤羊，蒙古有一句諺語「辨陰陽捉盤羊」，講的是有智謀的人能夠洞察事物的本質，任何困難都能迎刃而解。

成吉思汗對女兒們始終懷有深沉的疼愛和殷切的期望。對他來說，女兒不僅是家庭的一部分，更是國家治理的重要參與者與推動者。

在阿里海的成婚詔書中，成吉思汗曾賦予她一項非凡的使命，他告訴女兒：「你要成為我的一隻手、一隻腳」，並封她為「監國公主」。

1958年，在內蒙古武川出土了一枚銅印，印形方正，印文為陽刻篆體九疊文，三行十四字，為「監國公主行宣差河北都總管之印」。印文中的「行」字意為行或兼行，即兼行河北都總管。這是阿里海行使監國權力的有力佐證，作為「監國公主」，她不僅領汪古部政事，在某種意義上，她還可以管轄黃河以北的廣大地區。

《高唐忠獻王碑》載：「阿里海公主，明惠有智略。太祖征伐四出，嘗攝留務。軍國大政，率諮稟而後行，師出無內顧之憂，公主之力居多。」

史臣頌揚她：「神明毓粹，智略超凡，決生運籌，凜有丈夫之風烈。」

《金訓》
——成吉思汗箴言錄

〔背景〕

1219 年，花剌子模斬使拒商，蒙古在不得已之下啟動西征。西征將亞歐閉塞之路完全洞開，促進了東西方經濟、文化的交流，推動了東方四大發明和西方天文、數學、醫學等科技的交叉融合，對世界歷史的發展產生了深遠而持久的影響。

〔人物〕

馬可‧波羅：著名旅行家和商人，曾隨父經絲路到大元，《馬可‧波羅遊記》對東方的描述激發和影響了新大陸的發現，並為中世紀的歐洲帶來了新世紀的曙光。（圖39）

〔醍醐〕

《中庸》：「君子慎獨，不欺暗室，卑以自牧，含章可貞。」

〈周易‧乾〉：「天行健，君子以自強不息。」

丹寸何以致遠，讀萬卷書，行萬里路。

青尺何以無垠，成人達己，積小以大。

〈諫太宗十思疏〉：「念高危，則思謙沖而自牧。」

〈周易‧升〉：「地中生木，升；君子以順德，積小以高大。」

「豁阿‧徹辰的兒子被派遣為偵察兵，臨行之前他向父親請教錦囊妙計。豁阿‧徹辰對他說『父親傳授的妙計靠不住，自己想出的心計才有用；母親賜予你身體，做事業要靠自己。』」

《The Travels of Marco Polo》：「I have not told half of what I saw.」

〈蘇軾‧臨江仙〉：「人生如逆旅，我亦是行人。」

塵紛之旅有兩條路：一條用心走，名為夢想；一條用腳走，名為現實。心走太快易迷路，腳走太快易摔跤；心走太慢現實會蒼白，腳走太慢夢想不會高飛。願你一路從容，一路坦蕩。

訓章六、黑白丹青

【訓辭】

丹寸致遠當自牧，青尺無根當自強。

- 文獻《蒙古黃金史》，羅桑丹津著，蒙古學出版社，1993年版，第191頁。
- 輯錄《成吉思汗箴言解析》，那順德力格爾，內蒙古教育出版社，2012年版，第3頁，第174頁。
- 輯譯一「你的心胸有多寬廣，我戰鬥到日落的地方，你的戰馬就能馳騁多遠。」
- 輯譯二「從那日出的地方，我戰鬥到日落的地方，我的家族親人們，不要輕心散懶，你們要堅定剛強，奮鬥不息。」（圖38）

〔醍醐文獻〕

INTRODUCTION. xxiii

his death-bed he was exhorted by his friends, as matter of conscience, to retract what he had published, or at least to disavow those parts which the world regarded as fictitious, he scorned their advice, declaring at the same time, that so far from having exaggerated, he had not told one half of the extraordinary things of which he had been an eye-witness. His will is said to have been dated in the year 1323; in

tissimū bȝ qui nulli tributari⁹ ē Hoīes insule ydolatre sūt et oēs nude ābulant mares et femine ħ quilibȝ verecūda opit pāno vno Nullū bladū hñt excepto riso Carnib⁹ riso et lacte viuūt habūdanciā hñt seminū solūmō de quib⁹ oleū faciūt hñt biricios meliores mūdi qui ibi crescūt Vinū eciā hñt de arborib⁹ de quib⁹ dcm̄ ē sup̄ in regno samarā In hac isula lapides p̄ciosi ieniūt qui dicūt Rubini qui i regionib⁹ alijs nō inueniūt vel hñt. Multi eni eciā saphiri et topacij et amatiste ibi sunt multiqȝ alij lapides p̄ciosi Rex huius insule habet pulchriorē rubinū qui vnq̄ fuit visus in hoc mūdo habet enim vni⁹ palme longitudinē et ad mensurā grossiciei brachij hoīs Est āt splendid⁹ sup̄ modū omni macula carens adeo vt ignis ardens videatur esse Magn⁹ kaam Cublay nuncios suos direxit ad illū rogans vt prefatū lapidē illi donaret et ip̄e donaret ei valorē vnius ciuitatis Qui r̄ndit q̄ lapis ille suoꝝ erat anncessorū nulli eū vnq̄ homini daret Hui⁹ insule hoiēs bellicosi non sunt sed valde viles Quando autē bella cū aliq̄bus habent de alienis p̄tibus stipendiarios vocant et specialiter sarracenos

De regno maabar Capitulū xxiij.

Ultra insulā seylā ad miliaria xl ieniſ maabar q̄ maior india nūcupat Nō aūt ē insula ħ terra firma. In hac p̄uincia quiqȝ reges sūt Prouicia ē nobilissiā et ditissima sup̄ modū In p̄mo hui⁹ p̄uicie rex ē noiē Sendeba i quo regno sūt margarite i copia maxiā In mari eni hui⁹ p̄uincie ē maris brachiū seu sinus inē firmā terrā et insulā q̄dā vbi nō est aquaꝝ p̄fūditas vltra decem vel duodecī passus et alicubi vltra duos Ibi inueniūt margarite sup̄ dcē Mercatores eni diuersi societates adinuicē faciunt ꝛ hñt naues magnas et p̄uas hoiēsqȝ cōducunt qui descendūt ad p̄fundū aquarū et capiunt cōchilia in quibus sunt

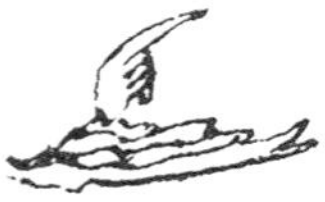

圖 39《馬可・波羅遊記》英文本及拉丁文本內文（哥倫布筆記）

訓章六、黑白丹青

〔訓辭文獻〕

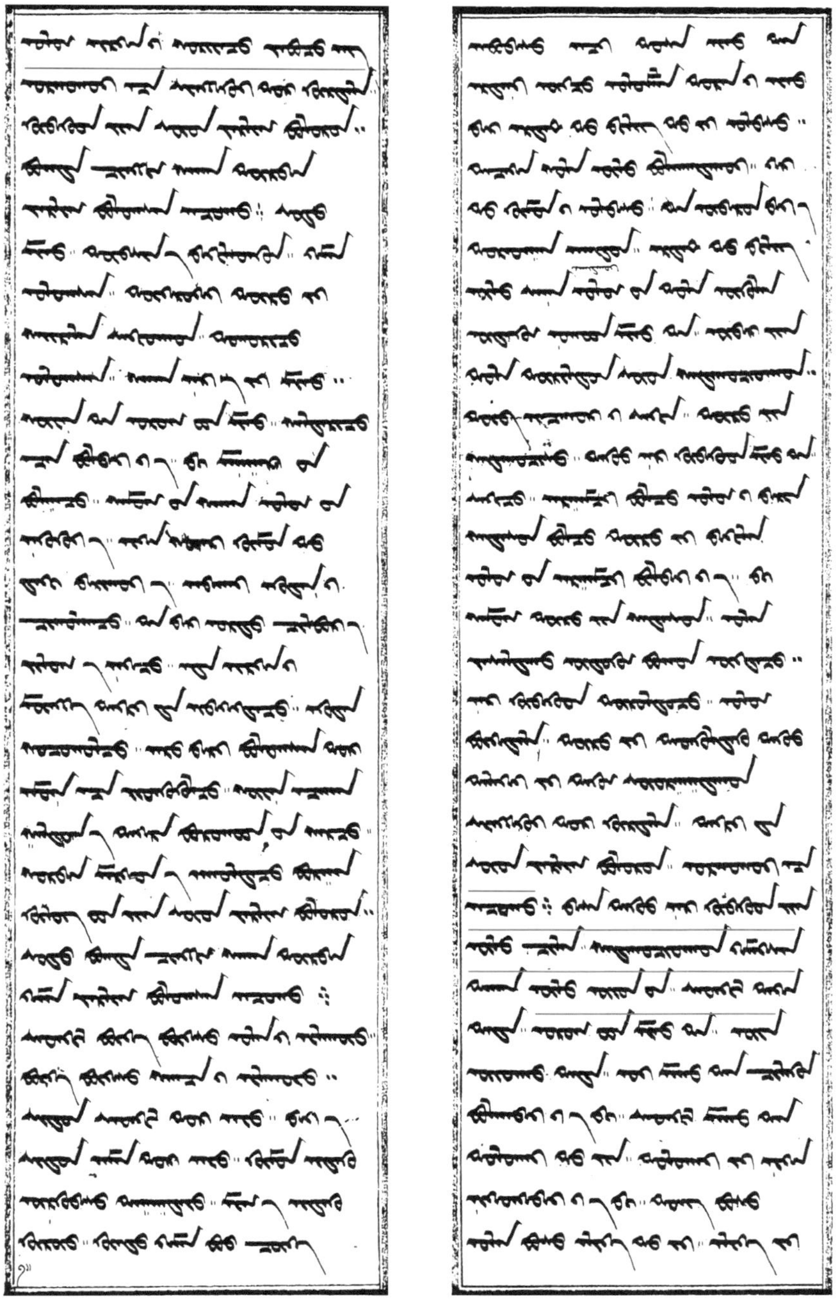

圖38《蒙古黃金史》烏蘭巴托影印本內文

《金訓》
——成吉思汗箴言錄

【醍醐文典】

〔醍醐文獻〕

■圖 39 上：《馬可‧波羅遊記》1854 年版。

原文：「He had not told one half of the extraordinary things of which he had been an eye-witness.」

■圖 39 下：《馬可‧波羅遊記》拉丁文本（哥倫布筆記），現藏於 Biblioteca Colombina。

〔原篇選錄〕

「天命之謂性，率性之謂道，修道之謂教。道也者，不可須臾離也，可離非道也。是故君子戒慎乎其所不睹，恐懼乎其所不聞。莫見乎隱，莫顯乎微。故君子慎其獨也。喜怒哀樂之未發，謂之中；發而皆中節，謂之和；中也者，天下之大本也；和也者，天下之達道也。致中和，天地位焉，萬物育焉。」

〔典籍選介〕

《中庸》是儒家經典的「四書」之一。原是《小戴禮記》第三十一篇，作者孔伋。宋朝學者對《中庸》非常推崇，而將其從《禮記》中抽出獨立成書，朱熹則將其與《論語》、《孟子》、《大學》合編為「四書」。

該書是古代論述人生修養境界的一部道德哲學專著，其「性」、「道」、「教」之論指出了人被「天」賦予使命以及使命的重要性，這也是全書的宗旨。書中探討了學習的方式（博學、審問、慎思、明辨、篤行），做人的規範如「五達道」（君臣、父子、夫婦、昆弟／兄弟、朋友之交）和「三達德」（智、仁、勇）等。中庸所追求的修養最高境界在於「至誠」，正如《三字經》所言：「中不偏，庸不易」，這正是中庸思想的精髓所在。

【訓辭文典】

〔訓辭文獻〕

■圖38：《蒙古黃金史》烏蘭巴托影印本，90a、90b。

原譯：「從那日出的地方，我戰鬥到日落的地方，我的家族親人們，不要輕心散懶，你們要堅定剛強，奮鬥不息」。

〔原篇選錄〕

「有洪福的聖成吉思汗訓諭他的四個兒子，『從那日出的地方，我戰鬥到日落的地方，收撫了多少國家與百姓，把許多心思各異的人，使他們心意相通，和合共生。讓那些心地不良的人痛苦沮喪，讓那些品行卑劣的人疲憊不堪。我的家族親人們，不要輕心散懶，你們要堅定剛強，奮鬥不息！』」

〔典籍選介〕

《馬可‧波羅遊記》，記載了威尼斯商人馬可‧波羅穿越亞洲的旅行，以及他在薛禪汗宮廷中的經歷。該遊記是印刷術興起以前少見的流行之作，成書後影響了歐洲人對東方的認識及探索。在馬可‧波羅的有生之年，該書被翻譯為很多語言，成為當時西方最暢銷的書籍之一。

遊記由馬可‧波羅在1298年到1299年於熱那亞的監獄中口述，作家魯斯蒂謙以古法語代為記錄完成，當時兩人因熱那亞與威尼斯的戰事為威尼斯出戰，及後戰敗被監禁而在監獄裡結識。

《馬可‧波羅遊記》記載了一百多個國家和地區的名稱，涵蓋了山川地貌、物產氣候、商貿往來、居民生活、宗教信仰、風俗習慣等眾多方面。該書在中古地理學史、亞歐歷史、東西方交通史以及國際關係史等領域，具有重要的歷史價值。

《金訓》
——成吉思汗箴言錄

〈風吹草低見牛羊〉吳冠中，1992

【青史奇譚】

〈世外桃源仙納都〉

　　仙納都（Xanadu），是一個廣泛應用於各領域的名詞，其詞源出自元代「上都」的名稱，是上都的傳統外文譯名。

　　上都，是元世祖忽必烈的夏宮，自英國著名詩人撒母耳‧泰勒‧柯勒律治（Samuel Taylor Coleridge）於1797年在詩作「忽必烈汗（Kubla Khan）」中將其歌頌為「歡樂之城」後，上都便成為神奇世界的象徵。在各國文獻中，「Xanadu」常被賦予「世外桃源」、「童話世界」、「理想國度」或「人間天堂」等獨特涵義，成為一個象徵華美與富饒的經典文學意象。

　　據說，詩人在夏天夢到馬可‧波羅描述的「金碧輝煌、巧奪天工」的忽必烈宮殿，夢醒後寫下了抒情詩〈忽必烈汗〉，這首詩不僅是英國浪漫主義詩歌的里程碑，也激發了西方對於東方世界的全部想像。

　　元上都，位於今內蒙古錫林郭勒盟，地處金蓮川草原之上，南臨上都河，北依龍崗山。2012年，聯合國教科文組織將元上都遺址列入世界遺產名錄。其核心區面積超251.31平方公里（明清故宮核心區面積約0.84平方公里，北京四環內面積約302平方公里），緩衝區面積超1,507.21平方公里。

　　在十三至十四世紀蒙古由軍事擴張轉向王朝治理的歷史進程中，元上都成為遊牧與農耕兩大文明在衝突與融合中留下的獨特文化印記。其多元文化相容並蓄的城市模式，在世界文明史和城市規劃設計史上佔據了極為重要的地位。

　　元上都與元大都曾實行兩都巡幸，兩都是當時中國乃至世界的政治、經濟、文化、宗教及國際交往中心。正如詩中所言：「御天門前開詔書，驛馬如飛到大都。九州四海服訓誥，萬年天子固皇圖」。

《金訓》
——成吉思汗箴言錄

附錄。

《金訓》
——成吉思汗箴言錄

【訓文通覽】

惜軍馬於未瘦時，馬瘦雖惜而無益。
縱雄鷹於未驕時，鷹驕雖縱而無濟。
饑餓之時蕨藜軟，饑渴之時鹼水甜。
塵霧之中未嘗迷，紛亂之中未嘗離。
解牛之策在於竅，御群之策在於道。
身勇技長及其梢，智勇計深究其奧。
賢慧持家家之珍，賢能治國國之寶。
臨民之道如乳牛，臨敵之道如鷙鳥。
勤養之身怠則患，謙養之性驕則亂。
玉石無衣鐵無衫，人身如葦意如磐。
黑夜堅忍如白鹿，白晝精誠如蒼狼。
丹寸致遠當自牧，青尺無垠當自強。

《金訓》
——成吉思汗箴言錄

【訓章綱要】

乾爻	坤爻	男子（八進制）	女子（七進制）	訓部	訓章	訓句	
潛龍勿用	履霜堅冰	至男子八歲（腎氣實，髮長齒更）	至女子七歲（腎氣盛，齒更髮長）	地部 ●	惜馬縱鷹	惜馬（一）	惜時任勢—不責人
						縱鷹（二）	
見龍在田	直方大利	至男子十六歲（腎氣盛，天癸至，精氣溢瀉，陰陽和）	至女子十四歲（天癸至，任脈通，太沖脈盛，月事以時下）		饑饑塵紛	饑饑（三）	花出塵埃—不忘本
						塵紛（四）	
終日乾乾	含章可貞	至男子二十四歲（腎氣均，筋骨勁強，故真牙生而長極）	至女子二十一歲（腎氣均，故真牙生而長極）	人部 ◯●	解御身智	解御（五）	解控身心—釋天性
						身智（六）	
或躍在淵	括囊無咎	至男子三十二歲（筋骨隆盛，肌肉滿壯）	至女子二十八歲（筋骨堅，髮長極，身體盛壯）		賢賢臨臨	賢賢（七）	賢易色—見眾生
						臨臨（八）	
飛龍在天	黃裳元吉	至男子四十歲（腎氣衰，髮墮齒槁）	至女子三十五歲（陽明脈衰，面始焦，髮始墮）	天部 ◯	勤謙玉人	勤謙（九）	勞謙君子—安黎庶
						玉人（十）	
亢龍有悔	龍戰於野	至男子四十八歲（陽氣衰竭於上，面焦，髮鬢斑白）及更長…	至女子四十二歲（三陽脈衰於上，面皆焦，髮始白）及更長…		黑白丹青	黑白（十一）	義貫青丹—縱乾坤
						丹青（十二）	

《金訓》
——成吉思汗箴言錄

【蒙古與乾元】

西元 1260 年，成吉思汗之孫薛禪汗忽必烈登基成為大蒙古國皇帝，至元八年（1271 年），他聽取劉秉忠建議，建大蒙古國漢文國號為「大元」。

元代官修政書《大元聖政國朝典章》〈詔令卷之一·典章一〉，載有世祖聖德神功文武皇帝「建國號」之詔令。詔令中寫道「可建國號曰大元，蓋取易經乾元之義」。

從此「大元」作為漢文國號，與「ᠶᠡᠬᠡ ᠮᠣᠩᠭᠣᠯ（大蒙古）」作為蒙文國號，共同構成了大蒙古國蒙漢合璧的官方國名。那麼，這兩個名稱之間是否存在直接聯繫？其命名背後是否蘊含深意？為此，我們不妨從《元秘史》一書的書名互譯入手，結合更多史料，基於相容並包的歷史背景，進一步探尋「蒙漢合璧」的歷史淵源與「和而不同」的文化內涵。

《元秘史》蒙文書名「ᠮᠣᠩᠭᠣᠯ ᠤᠨ ᠨᠢᠭᠤᠴᠠ ᠲᠣᠪᠴᠢᠶᠠᠨ」（明時音寫為「忙中豁侖·紐察·脫察安」），經元廷或明廷官方意譯後即為「元秘史」。其中「紐察·脫察安」意譯為「秘史」，「忙中豁侖」（即蒙古）意譯為「元」。儘管這一譯寫在詞彙對比上頗為顯著，卻久為史學界和大眾所忽視。究其原因，一是「孤證難明」，單憑孤立證據難以支撐這一「意譯」的結論；二是「表義難清」，僅靠表面含義也難以釐清二者「對譯」的關係。

針對這兩個問題，我們將從以下方面進行具體分析：

一、孤證難明，「孤證難明」應廣尋史料以求其證。

（一）1335 年張氏先塋碑，碑額中漢文國號作「大元」，碑文中蒙文國號作「大蒙古」。一碑之中，蒙漢合璧相互印證。

（二）1346 年興元閣碑記，漢文碑文中稱「元」（見《至正集》）。蒙文碑文中則稱「蒙古」。

至於在同一語言中「大元」與「大蒙古」並用的情形，實為面向特定語言讀者時，強調其蒙漢合璧、異語同義之初衷。

《金訓》
——成吉思汗箴言錄

　　由蒙漢合璧雙語史料中的直接佐證可見，元時實際上存在蒙文、漢文等至少兩種全國通行的官方語言，多語言合璧統一，形成蒙古國家制度的一大特點。

　　二、表義難清，「表義難清」應深究語義以明其旨。

　　（一）「⟨蒙文⟩」（蒙古），是由 ⟨蒙文⟩（長生天）+ ⟨蒙文⟩ 演化而來。「⟨蒙文⟩」，蒙語裡除了「火」的本義之外，還有兩層重要的核心義位。

　　⑴「光明聖潔」之義，蒙古人認為火是天地所生，是光明和善的象徵，是長生天賜給人類的聖潔之物。

　　⑵「薪火相承」之義，蒙古人把最小的兒子叫做守灶之人，即含延續香火之意 ⟨蒙文⟩（縱向之傳承）。另外蒙古人在遊牧遠出時，會形成一個以火為紐帶、聯合行動共同生活的共同體，稱之為合火 ⟨蒙文⟩（橫向之聯合）。

　　（二）「元」，乃取《周易》「乾元」之義（〈建國號〉詔），〈象〉曰：「大哉乾元，萬物資始。」元除了「初始」的本義之外，結合「坤元」之義，也有兩層重要的核心義位。

　　⑴「至仁至善」之義，「元者，善之長也」，「元者，始而亨也」，「君子體仁足以長人」，「乾始能以美利利天下，不言所利，大矣哉！」

　　⑵「生生不息」之義，「至哉坤元，萬物資生」，「萬物生生而變化無窮焉」。

　　由蒙漢兩種語言體系中的原始含義可見，大蒙古國的國號並未單純圍繞「蒙古」進行翻譯詮釋，而是秉持了「和合共生」的理念，從不同文化的源頭發掘「和合」之道。其「教諸色人戶各依本俗行者」的基本國策，是跨文化交流領域的典範。

　　另據《元秘史》記載，也速該巴特爾曾在鐵木真小時候帶他拜訪德薛禪。德薛禪見到父子二人後，高興的說道：「也速該親家，我夜裡做了一

個夢，夢見白海青抓著太陽和月亮，飛來落在我的手臂上。這是要叫我看見什麼好的預兆呢？也速該親家，我這個夢，原來是叫你帶著你的兒子前來的預兆啊。必是你們奇源部的『蘇勒德』前來指教的」。

「蘇勒德」蒙文作 ᠰᠦᠯᠳᠡ，象徵著保衛蒙古人的守護神。據〈建國號〉詔：「我太祖聖武皇帝，握乾符而起朔土」，此中「乾符」亦即蒙古人所傳「成吉思汗手握『蘇勒德』而生」之「蘇勒德」。

由此可見，蘇勒德（ᠰᠦᠯᠳᠡ）不僅是蒙古人的「守護神」，也是「吉兆」的象徵，蘇勒德（ᠰᠦᠯᠳᠡ）一詞本有「精神、元氣」等義位，符徽 🔱，亦合「乾元」之義。

綜上可知，「ᠮᠣᠩᠭᠣᠯ」和「大元」作為國號在含義上對譯互通，蒙古與乾元在義理上珠聯璧合。「蒙漢合璧」之義彰顯文化互鑒之美，「和而不同」之理揭示異曲同工之妙。

《金訓》
——成吉思汗箴言錄

書。
畫。

《金訓》
——成吉思汗箴言錄

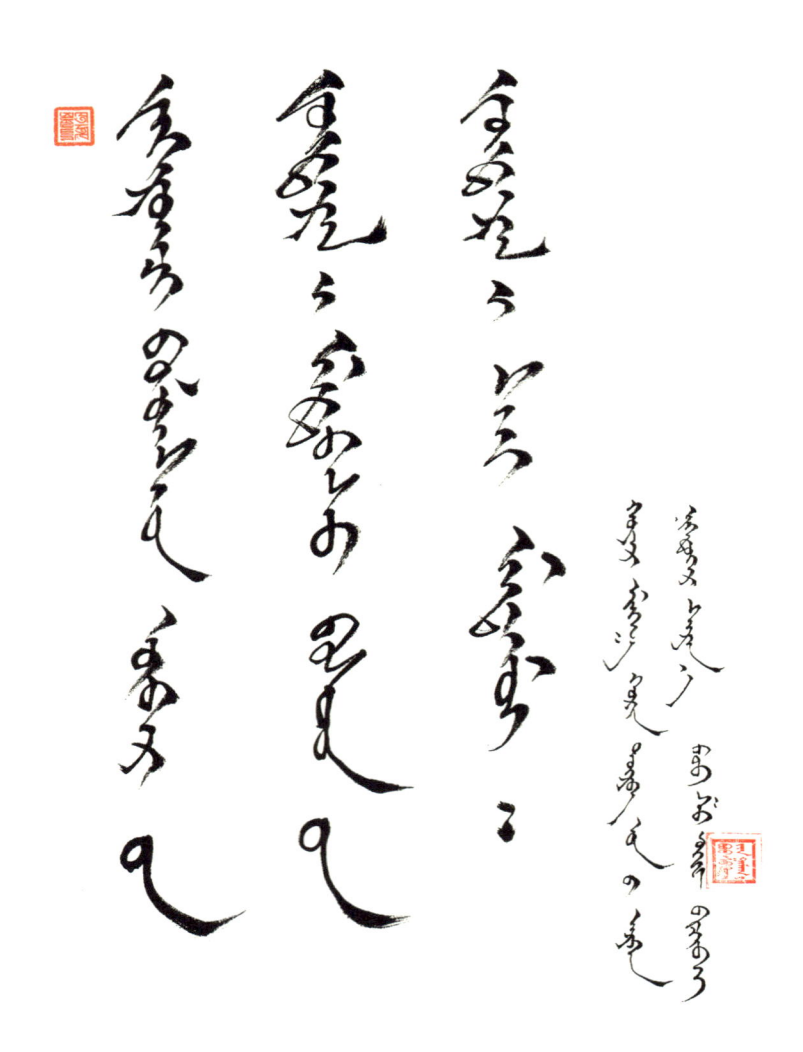

〈知己者知人〉寶樹國，2024

書畫

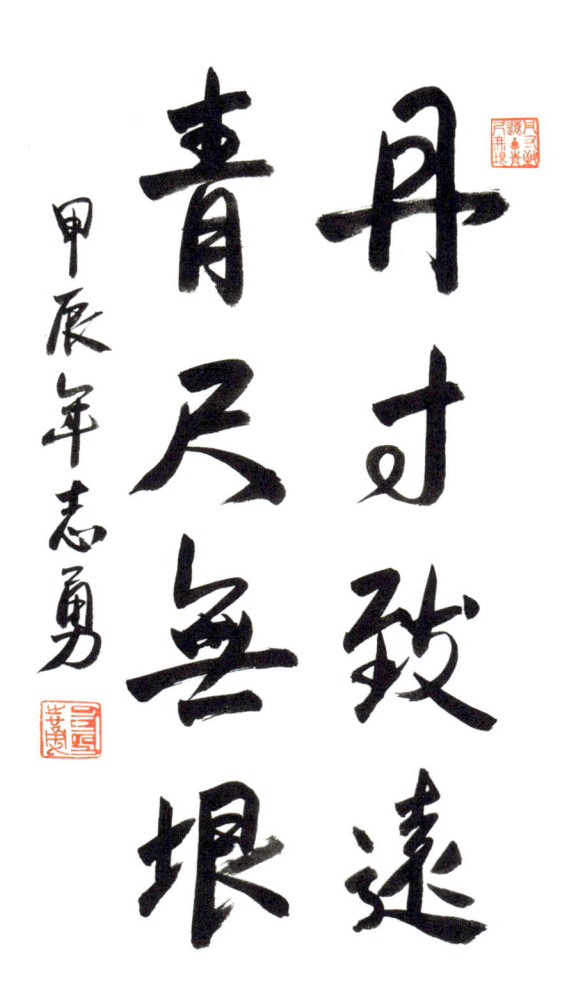

〈丹寸致遠、青尺無垠〉巴特爾，2025

《金訓》
　　——成吉思汗箴言錄

〈霧中未嘗迷焉〉巴圖，2025

書　畫

■〈勤勉〉實力吉，2025

《金訓》
　　——成吉思汗箴言錄

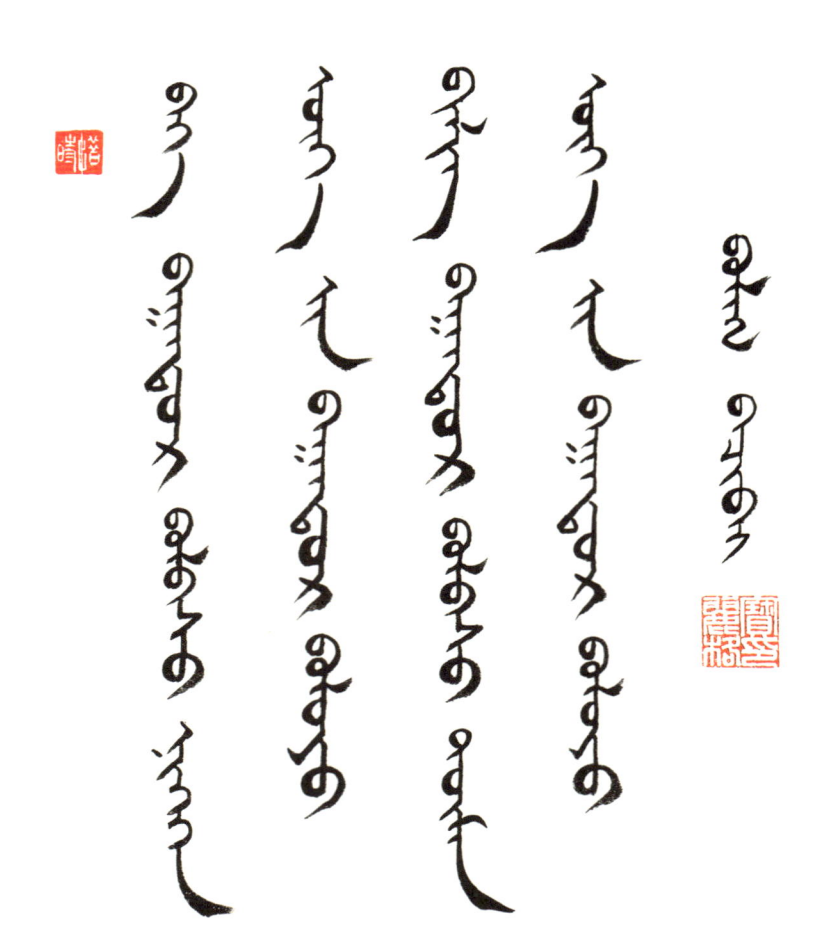

■〈身力有限、智慧無窮〉寶麗格，2025

■ 〈黑白丹青〉顏成瑞，2024

《金訓》
——成吉思汗箴言錄

【後　記】

　　據《內經》「男八女七」的生命週期理論，四十歲之前通常被視為一個綜合的黃金期——身體的成熟階段即將告一段落，而認知的成熟階段正悄然開啟。對我而言，本書的編纂正是源自這一週期交匯所帶來的獨特啟發。在此之前，傳統文化於我彷彿「近在咫尺」，家族歷史也似乎「觸手可及」，每每聽到「父親的草原母親的河」也常含熱淚，自己也總想為傳統文化的傳承做些什麼，但始終未能付諸實踐。年少時經歷了諸多嘗試，頻繁面對經典的「靈魂三問」，也許正是在這個週期交匯的節點，認知的成長才帶來自我審視的基礎和一定意義上選擇的自由。於生理、於心理、於環境達成了某種和解，這或許就是人們常說的「四十不惑」的真正含義。

　　於我而言，即使多年來耳濡目染，也唯有在主動選擇時，才能深刻感受醍醐觸動，進而付諸實際行動。於本書而言，其實也一樣，如果讀者將其當作「爽文」來讀，或許收穫會十分有限，因為你會發現，書中並沒有對訓辭內容進行直接解析，而是通過看似「曲折」的方式，側面地進行了印證。說實話，我們並不具備先賢那樣的經歷、機緣以及智慧，試圖對經典訓辭進行「深入解構」，實在是有些不切實際。

　　因此，我的方法是首先追溯訓辭的原始出處（書中直接引用了訓辭最初的來源，並用紅線標記出原文，方便讀者定位最初的表述），瞭解其原文及各種現代文翻譯版本的內容，從而初步瞭解其含義；接著，再去研究當時的語境，弄清楚是對誰說的、何時何地說的，以及所處的社會環境，這樣逐步形成了一些淺顯的理解；最後，結合古今中外先賢與哲人們的思想言論，在類似情境中探尋其「言為心聲」背後的內心共鳴，並力求在語義層面挖掘更深層次的引申義位。我整體採用這一印證的方法，也是考慮可以給自己、給讀者留下一定的想像空間。

　　本書訓辭主文僅選譯了史料記載箴言的一部分（十二句主文，當然也附帶了一些互為印證的訓辭），內容儘量從多維角度涵蓋不同場景。如果

《金訓》
——成吉思汗箴言錄

　　讀者感興趣，希望能以這十二句訓辭為引子，從諸多先賢的更多箴言中挖掘出有價值的內容。如果讀者對成吉思汗的思想與成就感到好奇，想探究他為何能擁有如此卓越的「武功」，正如金庸先生所述「只有慈悲之念越盛，武功絕技方能練得越多」那麼，在成吉思汗的武功背後，他的文治思想又是怎樣的呢？通過深入研讀成吉思汗及其團隊流傳至今的智慧訓辭，思考為何這些訓辭能在千百年來成為蒙古民族不朽的精神財富，或許便能從中窺見一斑。

　　本書不僅是我與孩子們共同探索學習的物質載體，更是我生活中踐行學以致用的精神指引。同時，我希望通過本書，在一定程度上改變一些人對草原文化的刻板印象。如今，許多人提到草原，往往聯想到「觀光打卡、吃喝玩樂、歌舞歡娛」。而我希望，當人們置身於遼闊的大草原時，能懷有對大自然、對長生天的敬畏，憶起書中的八個字「丹寸致遠，青尺無垠」。

　　在史學方面，我並非內行，本書的編纂完全憑藉個人的興趣和愛好。能夠完成這部著作，離不開前人的研究成果和不懈努力。在本書即將出版之際，我衷心感謝所有曾給予我支持的親人和朋友。同時，我也深感榮幸，感謝中華書局出版社為我提供了此次出版機會，特別感謝劉郁君主編在出版過程中提供的寶貴支持與說明，使得這部作品得以順利問世。

　　此外，書中引用了大量前人的研究成果，出於對原作者權益的尊重，已與能夠聯繫到的部分作者進行了溝通，對於個別未能取得聯繫的作者，敬請諒解。如果書中有任何侵犯您權益的地方，請及時與我聯繫，聯繫郵箱 mumaren@live.com

志勇

後　記

《金訓》
——成吉思汗箴言錄

【參考書目】

- 《元朝秘史（校勘本）》烏蘭校勘，中華書局（北京），2012年版。
- 《蒙古秘史新譯並注釋》札奇斯欽譯注，聯經出版事業股份有限公司，1979年版。
- 《新譯集注〈蒙古秘史〉》阿爾達扎布譯注，內蒙古大學出版社，2005年版。
- 《羅布桑丹金〈黃金史〉》羅桑丹津著，卻瑪整理，內蒙古教育出版社，2017年版。
- 《蒙古黃金史》羅桑丹津著，色道爾吉譯，蒙古學出版社，1993年版。
- 《蒙古黃金史譯注》羅桑丹津著，札奇斯欽譯注，聯經出版事業股份有限公司，2020年版。
- 《蒙古源流》薩岡徹辰著，烏蘭整理，內蒙古教育出版社，2022年版。
- 《蒙古源流》薩岡徹辰著，道潤梯步譯校，內蒙古人民出版社，1980年版。
- 《〈蒙古源流〉研究》薩岡徹辰著，烏蘭譯注，遼寧民族出版社，2000年版。
- 《黃金史綱》佚名著，卻瑪整理，內蒙古教育出版社，2016年版。
- 《漢譯蒙古黃金史綱》佚名著，朱風、賈敬顏譯，內蒙古人民出版社，1985年版。
- 《史集》拉施特著，餘大鈞、周建奇譯，商務印書館（北京），1983年版。
- 《成吉思汗的繼承者》拉施特著，周良霄譯注，上海古籍出版社，2018年版。
- 《聖武親征錄（新校本）》佚名著，賈敬顏校注，陳曉偉整理，中華書局（北京），2020年版。
- 《元史》宋濂等撰，中華書局（北京），1976年版。

《金訓》
——成吉思汗箴言錄

- 《元典章》陳高華等點校，中華書局（北京）、天津古籍出版社，2011 年版。
- 《蒙古秘史》策·達木丁蘇隆編譯，謝再善譯，中華書局（北京），1956 年版。
- 《蒙古秘史》餘大鈞譯註，河北人民出版社，2001 年版。
- 《元朝秘史（畏兀體蒙古文）》亦鄰真復原，內蒙古大學出版社，1987 年版。
- 《元朝秘史通檢》方齡貴編著，中華書局（北京），1986 年版。
- 《黃史》格日樂譯注，內蒙古教育出版社，2007 年版。
- 《阿勒坦汗傳》珠榮嘎譯註，內蒙古人民出版社，1990 年版。
- 《蒙古青史譯注稿》謝再善譯註，西北民族學院研究室，1980 年版。
- 《金輪千輔》答理麻固什著，喬吉注，包額爾德木圖、海英編譯，內蒙古人民出版社，2018 年版。
- 《十善福白史冊》佚名著，呼都格圖·薛樿·洪台吉校勘編輯，王石莊譯，內蒙古人民出版社，2019 年版。
- 《〈阿薩喇克其史〉研究》烏雲畢力格著，中央民族大學出版社，2009 年版。
- 《新譯簡注蒙漢合璧〈阿薩拉克齊史〉》格日樂註譯，內蒙古文化出版社，2016 年版。
- 《恆河之流》袞布札布著，包力源譯，內蒙古文化出版社，2019 年版。
- 《水晶珠》拉喜彭斯克著，包額爾德木圖譯，內蒙古人民出版社，2020 年版。
- 《元朝名臣事略》蘇天爵輯撰，姚景安點校，中華書局（北京），1996 年版。
- 《黑韃事略校註》徐全勝校註，蘭州大學出版社，2014 年版。
- 《青史演義》尹湛納希著，內蒙古人民出版社，2014 年版。
- 《蒙兀兒史記》屠寄撰，黑勒、丁師浩譯，北京市中國書店，1984 年版。
- 《蒙古史綱》高越天著，中華書局（台灣），1972 年版。
- 《蒙古史研究》箭內亙著，陳捷、陳清泉譯，商務印書館（上海），1932 年版。

參考書目

- 《元史譯文證補》洪鈞撰，中華書局（北京），1985年版。
- 《成吉思汗評傳》張振珮著，中華書局（上海），1943年版。
- 《成吉思汗傳》張振珮、馮承鈞著，東方出版社，2009年版。
- 《成吉思汗新傳》李則芬著，中華書局（台灣），1969年版。
- 《成吉思汗大傳》朱耀廷著，中華書局（北京），2016年版。
- 《千年風雲第一人》巴拉吉尼瑪、額爾敦札布、張繼霞編，民族出版社，2005年版。
- 《成吉思汗》蘇赫巴魯著，知書房出版社，1993年版。
- 《成吉思汗研究文集（1949－1990）》內蒙古人民出版社，1991年版。
- 《成吉思汗研究文集（1991－2011）》內蒙古人民出版社，2014年版。
- 《成吉思汗的女兒們》傑克‧魏澤福著，黃中憲譯，時報文化，2018年版。
- 《蒙古族古代名將錄》葉喜編著，遼寧民族出版社，2004年版。
- 《蒙古族歷代詩詞選》那順德力格爾輯譯，春風文藝出版社，1993年版。
- 《蒙古族格言俗語集萃》朱榮阿、材音博彥、蘇莉亞編著，內蒙古人民出版社，1988年版。
- 《成吉思汗管理箴言》司馬安輯譯，中國民航出版社，2005年版。
- 《成吉思汗箴言蒙漢合璧書法集》江川輯譯，內蒙古文化出版社，1994年版。
- 《成吉思汗箴言選輯》尹曉東輯譯，內蒙古人民出版社，2015年版。
- 《成吉思汗箴言解析》那順德力格爾輯譯，內蒙古教育出版社，2012年版。
- 《成吉思汗箴言》那仁敖其爾、那順烏力吉輯譯，內蒙古人民出版社，2016年版。
- 《〈蘇赫巴魯全集‧續卷〉卷三：成吉思汗箴言》蘇赫巴魯編著，中國國際文化出版社，2010年版。

《金訓》
——成吉思汗箴言錄

- 《皇帝內經》公孫軒轅等著，姚春鵬譯注，中華書局（北京），2010年版。
- 《周易》姬昌等著，楊天才、張善文譯注，中華書局（北京），2011年版。
- 《尚書譯注》李民、王健撰，上海古籍出版社，2004年版。
- 《道德經》李耳著，張景、張松輝譯注，中華書局（北京），2021年版。
- 《雲笈七簽》張君房編，中央編譯出版社，2017年版。
- 《長春真人西遊記》李志常撰述，商務印書館（上海），1937年版。
- 《大般涅槃經》曇無讖譯，上海古籍出版社，1991年版。
- 《論語》張燕嬰譯注，中華書局（北京），2006年版。
- 《孔子家語》王國軒、王秀梅譯注，中華書局（北京），2009年版。
- 《中庸》孔伋著，王國軒譯注，中華書局（北京），2016年版。
- 《孟子》姬軻著，方勇譯注，中華書局（北京），2010年版。
- 《莊子》莊周著，孫通海譯注，中華書局（北京），2007年版。
- 《荀子》荀況著，方勇、李波譯注，中華書局（北京），2011年版。
- 《左傳》劉利、紀凌雲譯注，中華書局（北京），2007年版。
- 《史記》司馬遷撰，中華書局（北京），2006年版。
- 《漢書》班固等撰，顏師古注，中華書局（北京），1962年版。
- 《三國志》陳壽撰，粟平夫、武彰譯，中華書局（北京），2007年版。
- 《貞觀政要》吳兢撰，上海古籍出版社，1978年版。
- 《金史》脫脫等撰，中華書局（北京），1975年版。
- 《資治通鑒》司馬光撰，沈志華、張宏儒譯注，中華書局（北京），2009年版。
- 《明史》張廷玉等撰，中華書局（北京），1974年版。
- 《論衡校釋（附劉盼遂集解）》黃暉撰，中華書局（北京），1990年版。

參考書目

- 《司馬法》姜尚著,陳曦、陳錚錚譯注,中華書局(北京),2017年版。
- 《司馬法今註今譯》姜尚著,劉仲平註譯,商務印書館(台灣),1977年版。
- 《孫子兵法》孫武著,陳曦譯注,中華書局(北京),2011年版。
- 《三十六計》陳曦、駢宇騫譯注,中華書局(北京),2016年版。
- 《詩經》王秀梅譯注,中華書局(北京),2015年版。
- 《全唐詩》彭定求等編纂,中華書局(北京),1960年版。
- 《全宋詞》王仲聞參訂,孫凡禮補輯,唐圭璋編纂,中華書局(北京),1999年版。
- 《全元曲》徐征、張月中、張聖潔、奚海主編,河北教育出版社,1998年版。
- 《元詩選》顧嗣立編,中華書局(北京),1987年版。
- 《歐陽文忠公集》國家圖書館出版社,2019年版。
- 《增訂文心雕龍校注》劉勰著,黃叔琳、李詳補注,楊明照校注拾遺,中華書局(北京),2000年版。
- 《古文觀止》吳楚材、吳調侯編選,中華書局(北京),1959年版。
- 《說文解字》許慎撰,中華書局(北京),1963年版。
- 《三字經》王應麟著,李逸安、張立敏譯注,中華書局(北京),2011年版。
- 《詩文聲律論稿》啟功著,中華書局(北京),2009年版。
- 《顏氏家訓》顏之推著,檀作文譯注,中華書局(北京),2007年版。
- 《父子宰相家訓》張英、張廷玉著,車其磊、張振鵬譯注,團結出版社,2019年版。
- 《中國少數民族古籍總目摘要·蒙古族卷》國家民族事務委員會全國少數民族古籍整理研究室組織編寫,中國大百科全書出版社。

《金訓》
——成吉思汗箴言錄

- 《蒙古博爾濟吉忒氏族譜》羅密著，烏力吉圖譯注，內蒙古大學出版社，2014年版。
- 《蒙古世系》高文德、蔡志純編著，中國社會科學出版社，1979年版。
- 《蒙古帝國王族世系譜研究》吳國聖著，台大出版中心，2024年版。
- 《蒙古大汗傳略》《蒙古大汗傳略》編寫小組編寫，內蒙古教育出版社，2007年版。
- 《尹湛納希年譜》扎拉嘎著，內蒙古大學出版社，1991年版。
- 《北票文史資料》第五輯，2006年版。
- 《蒙古風俗鑒》羅布桑卻丹著，遼寧民族出版社，1988年版。
- 《蒙古調查記》王華隆著，商務印書館（上海），1933年版。
- 《蒙古與教廷》伯希和撰，馮承鈞譯，中華書局（北京），1994年版。
- 《世界征服者史》志費尼著，J.A.波伊勒英譯，何高濟譯，商務印書館（北京），2009年版。
- 《多桑蒙古史》多桑著，馮承鈞譯，上海書店出版社，2001年版。
- 《草原帝國》勒內·格魯塞著，商務印書館（北京），1998年版。
- 《馬可·波羅遊記》張星烺譯，商務印書館（上海），1936年版。
- 《世界歷史上的蒙古征服》梅天穆著，馬曉林、求芝蓉譯，民主與建設出版社，2017年版。
- 《珍珠在蒙古帝國：草原、海洋與歐亞交流網絡》湯瑪斯·愛爾森著，馬曉林、張斌譯，上海人民出版社，2023年版。
- 《從0到1：開啟商業與未來的秘密》蒂爾、馬斯特斯著，高玉芳譯，中信出版社，2015年版。

參考書目

- 《The Travels of Marco Polo》Thomas Wright，Henry G. Bohn，1854 年版。

- 《Understanding Media: The Extensions of Man》Marshall McLuhan，Signet，1964 年版。

- 《Whole Earth Epilog》Stewart Brand，POINT，1974 年版。

- 《Outliers》Malcolm Gladwell，Hachette Book Group，2008 年版。

- 《Zero to One》Peter Thiel with Blake Masters，Crown Business，2014 年版。

中華哲學叢書
金訓 —— 成吉思汗箴言錄

作　　者／	志勇（巴特爾）編纂
主　　編／	劉郁君
美術編輯／	本局編輯部

出　版　者／	中華書局
發　行　人／	張敏君
副總經理／	王銘煌
地　　址／	11494 台北市內湖區舊宗路二段 181 巷 8 號 5 樓
公司電話／	886 2-8797-8900　　公司傳真／ 886 2-8797-8990
網　　址／	www.chunghwabook.com.tw
匯款帳號／	華南商業銀行　　西湖分行
	179-10-002693-1　　中華書局股份有限公司

法律顧問／	安侯法律事務所
製版印刷／	海瑞印刷品有限公司
出版日期／	2025 年 1 月初版
定　　價／	NTD 550（精裝）

國家圖書館出版品預行編目（CIP）資料

金訓：成吉思汗箴言錄/志勇(巴特爾)編纂. -- 初版.
-- 臺北市：中華書局, 2025.01
面；公分. --（中華哲學叢書）

ISBN 978-626-7349-20-5(精裝)
1.CST: 箴言

192.8　　　　　　　　　　　　113019683

版權所有．侵權必究
ALL RIGHTS RESERVED
NO.B0039Q
ISBN 978-626-7349-20-5（精裝）
本書如有缺頁、破損、裝訂錯誤請寄回本公司更換。